高职语文教学探索与研究

杨松兰 / 著

吉林文史出版社

图书在版编目（CIP）数据

高职语文教学探索与研究 / 杨松兰著. — 长春：
吉林文史出版社，2024．7． — ISBN 978-7-5752-0447-7

Ⅰ.H193

中国国家版本馆 CIP 数据核字第 20245UH254 号

高职语文教学探索与研究
GAOZHI YUWEN JIAOXUE TANSUO YU YANJIU

出 版 人　张　强
著　　者　杨松兰
责任编辑　李　鹰
出版发行　吉林文史出版社
地　　址　长春市福祉大路 5788 号
邮　　编　130117
电　　话　0431-81629364
印　　刷　河北浩润印刷有限公司
开　　本　710mm×1000mm　　1/16
印　　张　9.5
字　　数　170 千字
版　　次　2024 年 7 月第 1 版
印　　次　2024 年 7 月第 1 次印刷
书　　号　ISBN 978-7-5752-0447-7
定　　价　68.00 元

前　言

随着中国经济的快速发展和社会的不断进步，高等职业教育的重要性日益凸显。高职教育不仅肩负着培养技术技能型人才的使命，还在推动产业升级和区域经济发展中发挥着至关重要的作用。在此背景下，高职语文作为职业教育体系中的基础学科，扮演着不可或缺的角色。本书旨在通过对高职语文教学的现状、需求分析、教学理论与方法、课堂教学设计与实施、评估与反馈、教师培养与发展进行研究，探索和提出切实可行的改进措施和发展策略，以提升高职语文教学质量和学生的语文综合能力。

第一，高职语文能力的培养具有重要意义。高职学生不仅需要掌握专业技能，更需要具备良好的语言表达能力、阅读理解能力和沟通协调能力。这些能力不仅是职业生涯成功的基础，也是个体全面发展的重要保障。然而，目前高职语文教学中仍然存在诸多问题，如教学内容与职业需求脱节、教学方法单一、学生学习积极性不高等。这些问题亟待我们深入研究并提出有效的解决方案。

第二，本书将通过详细的需求分析，明确高职语文教学的目标和任务。高职教育的特点决定了其语文教学需要更加注重实用性和针对性。因此，本书将结合高职教育的特点，分析语文能力在高职教育中的重要性，并对高职学生的语文学习现状与需求进行深入探讨。通过对高职学生语文学习需求的全面把握，为后续教学设计与实施提供科学依据。

第三，本书将探讨高职语文教学的理论与方法。现代教育技术的发展为高职语文教学带来了新的机遇和挑战。如何运用现代教育技术提高教学效果，成为当前高职语文教学改革的重要课题。基于任务驱动的语言教学模式，以其强调实际应用和任务完成的特点，契合了高职教育的培养目标。本书将在这一基础上，提出一系列高效的教学方法和策略，旨在提高学生的语文综合能力。

第四，在课堂教学设计与实施方面，本书将结合实际教学经验，探讨有效的课堂设计策略和原则。同时，如何激发学生的学习兴趣，创新实施高职语文教学活动，也是本文关注的重点。通过多样化的教学手段和丰富的教学内容，力求在实际教学中取得更好的效果。

第五，评估与反馈是高职语文教学不可或缺的重要坏节。本书将系统探讨教学评估的意义和方法，提出高职语文评估工具和标准，并强调反馈与个性化学习支持的重要性。通过科学的评估与有效的反馈，帮助学生及时了解自己的学习状况，调整学习方法，提高学习效果。

第六，教师是高职语文教学质量的关键保障。本书将详细分析高职语文教师的素质和能力要求，探讨教师培训和职业发展机制。如何通过创造良好的支持措施，鼓励教师进行教学创新，也是本文的重要内容之一。

第七，本书将对高职语文课程改革与发展进行深入探讨。在分析当前存在的关键问题和挑战的基础上，提出创新的语文课程设计与改革方案。旨在通过课程改革，优化教学内容，提升教学质量，满足高职学生的实际需求，为高职教育的发展提供有力支持。

总之，本书通过对高职语文教学各个环节的全面研究，力求为提升高职语文教学质量提供理论支持和实践指导。希望本书的研究成果能够为高职语文教学改革提供借鉴和参考，为高职学生语文能力的提升贡献力量。

目　录

绪论

第一节 研究背景和目的

一、研究背景

在中国经济快速发展的背景下，高职教育迎来了新的发展契机。随着经济的快速增长和产业结构的不断优化升级，中国社会对于高素质、技能型人才的需求日益迫切。在这样的背景下，高职教育作为一种注重实用性、职业导向的教育模式，逐渐受到了社会的广泛关注和支持。

与传统的本科教育相比，高职教育更加注重学生的职业技能培养，强调的是学以致用、服务于产业和市场需求。这种教育模式不仅可以更快地满足市场对技术型、应用型人才的需求，也更符合现代经济的发展趋势。由于高职教育培养的学生更具备实用性和就业能力，他们往往更容易找到符合自身专业的工作，因此高职毕业生的就业率相对较高。

此外，高职教育还具有灵活性和适应性的优势。相比于传统的本科教育，高职教育更加注重实践能力的培养，更贴近产业需求，更容易使学生在短时间内适应市场的变化和技术的更新换代。这种针对性强、灵活性高的教育模式使得高职教育在一些新兴行业和领域中备受青睐，成为许多学生选择的首选。

然而，高职教育也面临着一些挑战和问题。其中，最主要的是与职业教育相关的社会地位不高、资源不足等问题。相比于传统的本科教育，高职教育的社会地位相对较低，一些人还存在对高职教育的误解和偏见。此外，一些地方的高职教育资源配置不均衡，教学质量参差不齐，也制约了高职教育的发展。

综合而言，中国经济快速发展的背景下，高职教育的兴起是适应时代发展潮流的必然选择。它不仅能够满足市场对于技能型、应用型人才的需求，也为更多有志于从事实践性较强职业的学生提供了更多的选择机会。然而，要进一步发展和壮大高职教育，还需要社会各界共同努力，加大对高职教育的支持力度，提升其社会地位和教育质量，为培养更多高素质、技能型人才奠定更坚实的基础。

二、本书的研究目的

（一）探讨高职语文教育的现状、问题和挑战

1. 深入分析高职语文教育的现状

本书将对当前高职语文教育的现状进行深入探讨，包括课程设置、教学方法、教师队伍、教学资源等方面的情况。通过对现状的全面了解，可以为后续的问题分析和方案解决提供基础和参考。

2. 剖析高职语文教育面临的问题和挑战

在深入了解高职语文教育现状的基础上，本书将重点分析高职语文教育所面临的问题和挑战。这些问题可能涉及教学内容的针对性、学生学习动机的不足、教师专业素养的提升等方面。通过剖析问题和挑战，可以为提出解决方案和对策奠定基础。

（二）提出解决方案和对策

1. 针对性地提出解决方案

基于对高职语文教育现状、问题和挑战的深入分析，本书将提出针对性的解决方案。这些方案可能涉及课程改革、教学方法创新、教师培训等多个方面，旨在有效解决当前高职语文教育中存在的种种问题。

2. 探讨实施对策

除了提出解决方案外，本书还将探讨如何有效地实施这些对策。这可能涉及资源投入、政策支持、社会参与等方面的问题。通过探讨实施对策，可以为高职语文教育的改革和发展提供操作性的建议。

（三）全面系统地阐述高职语文教育的相关问题

本书将围绕高职语文教育的特点、学生需求、教学理论与方法、教材开发与评价、课堂教学设计与实施、评估与反馈、教师培养与发展以及课程改革与发展等方面展开全面系统的探讨。通过对这些方面的深入研究，可以为高职语文教育领域的研究和实践提供全面有效的指导和借鉴。

第一节 研究问题和假设

一、研究问题的界定

本研究旨在深入探讨高职语文教育的现状、问题和挑战。具体而言，研究将围绕以下几个方面展开：

（一）关注高职学生语文能力的现状及其发展趋势

通过调查和分析高职学生的语文水平，包括阅读理解、写作表达、语言运用等方面的能力情况，探讨其在语文学习中的表现和发展趋势。

（二）探讨高职语文教育所面临的挑战

这些挑战可能涉及学生学习动机不足、教师教学理念滞后、教学资源匮乏等多个方面。通过深入分析这些挑战，可以更好地把握高职语文教育的现状和问题。

（三）重点关注目前高职语文教育存在的主要问题

这些问题可能涉及课程设置、教学方法、教材编写、评价机制等方面，需要通过调查研究和深入分析来揭示。

二、研究假设的提出

针对以上研究问题，本研究提出以下假设：

（一）针对第一个研究问题

我们假设高职学生的语文能力普遍较弱，存在阅读理解能力差、写作表达能力弱等问题。这可能与其学习背景、学习动机以及教学质量等因素密切相关。

（二）针对第二个研究问题

我们假设高职语文教育面临的主要挑战包括学生学习动机不足、教师教学理念滞后、教学资源匮乏等。这些挑战可能相互交织，影响着高职语文教育的质量和效果。

（三）针对第三个研究问题

我们假设通过采取有效的教学方法和手段，可以提高高职语文教育的教学效果，促进学生语文能力的全面提升。这可能涉及教师的专业发展、教学资源的优化、课程设置的调整等方面。

通过对这些假设的深入研究和验证，可以更全面地了解高职语文教育的现状和问题，为解决这些问题提供理论和实践上的支持和指导。

第三节 研究方法和范围

一、研究方法的选择

本研究将采用多种研究方法相结合的方式，以全面、深入地了解高职语文教育的现状、问题和挑战，并探索相应的解决方案和对策。

（一）文献研究

文献研究是研究方法中的重要一环，通过查阅相关文献资料，可以系统地了解高职语文教育的历史沿革、理论基础、政策法规以及实践经验等方面的情况。这些文献资料提供了理论支持和背景资料，为后续研究提供了重要的参考依据。

在文献研究中，我们将重点关注以下几个方面的内容：首先，了解高职语文教育的发展历程，包括其起源、发展阶段、重大政策和改革措施等；其次，梳理相关的教育理论和教学方法，包括任务型教学、多媒体教学、个性化教育等；再次，分析高职语文教育的政策法规，了解相关政策对高职语文教育的影响和指导；最后，总结相关实践经验，包括一些成功的案例和教育机构的经验分享。

通过文献研究，我们可以系统地了解高职语文教育的现状和问题，把握其发展趋势和规律，为后续研究提供理论基础和方法指导。同时，文献研究还可以帮助我们了解国内外相关研究的最新进展，借鉴其他地区或国家的经验，为高职语文教育的改革和发展提供参考和借鉴。

（二）案例分析

案例分析是一种重要的研究方法，通过选取具有代表性的高职院校或语文教育案例，深入分析其教育模式、教学方法、课程设置、教师培训等方面的特点和效果，可以从中总结经验和启示，为高职语文教育的改革和发展提供借鉴和参考。

在案例分析中，我们将选取几所具有代表性的高职院校或语文教育机构，深入了解其语文教育的具体情况和特点。具体内容包括教学模式的选择与实施情况、课程设置的科学性和适应性、教师培训的机制和效果、学生毕业后的职业发展情况等方面。

通过案例分析，我们可以从成功的实践中汲取经验和教训，了解不同高职院校或语文教育机构的优劣势，为制订改进措施和优化教育方案提供参考和借鉴。同时，案例分析还可以促进教育者之间的交流与合作，共同推动高职语文教育的发展。

（三）问卷调查

问卷调查是获取大量参与者意见和观点的有效方法，尤其适用于了解广泛群体的态度、看法和需求。在研究高职语文教育的现状、问题和挑战时，通过设计和发放问卷，可以获取高职学生、教师、管理者等不同群体对语文教育的认知和评价，为研究提供多角度的信息和意见。

在问卷设计中，我们将围绕高职语文教育的现状、问题和需求等方面展开调查。具体内容包括高职学生的语文学习情况、对语文教育的认知和态度、对教学方法和教学资源的需求等；教师对语文教育的看法和评价、教学方法的选择和应用情况、对教学资源和培训需求等；管理者对语文教育的政策实施情况、对高职语文教育发展的意见和建议等。

在实施问卷调查时，我们将选择合适的调查对象和样本，通过在线调查平台或纸质问卷的方式进行调查。收集完数据后，我们将对数据进行整理、统计和分析，归纳出不同群体的主要观点和意见，并对其进行比较和总结，为后续研究提供参考依据。

（四）实地调研

实地调研是直接观察和了解高职语文教育实践的重要途径，可以深入了解教学现场的情况和教育工作者的真实需求，为研究提供直接的数据支持和实践经验。

在实地调研中，我们将选择一些具有代表性的高职院校和语文教育机构进行实地访问和观察。通过与教师和学生进行面对面的交流和访谈，了解其对语文教育的理解和实践情况，以及存在的问题和困难。同时，我们还将观察教学现场，了解教学环境和教学资源的情况，为后续研究提供直观的数据和情报。

通过实地调研，我们可以深入了解高职语文教育的实际情况和存在的问题，发现问题的根源和解决的路径，为制订相应的改进措施和优化方案提供实践基础和依据。同时，实地调研还可以促进教育者之间的交流与合作，共同推动高职语文教育的改革和发展。

二、研究范围的确定

本研究的范围主要包括高职语文教育的理论、方法和实践。具体而言，将围绕以下几个方面展开深入研究：

（一）高职学生的语文能力现状与需求

1.分析高职学生的语文能力现状

研究将首先对高职学生的语文能力现状进行全面分析。这包括对他们在阅读理解、写作表达、语言运用等方面的水平和特点进行评估。通过调查、测试和实地观察，收集和整理高职学生的语文成绩、课堂表现等数据，以量化的方式呈现他们的语文能力水平。同时，还将对不同专业、不同年级、不同地区的高职学生进行比较分析，探讨其语文能力存在的差异和影响因素。

2.探讨高职学生在语文学习中的问题和需求

在了解高职学生的语文能力现状的基础上，研究将进一步探讨他们在语文学习中存在的问题和需求。这可能涉及学生学习动机不足、阅读能力低下、写作能力欠缺等方面的问题。通过问卷调查、访谈和实地观察，收集和分析高职学生对语文学习的认知、态度和需求，探讨他们对于语文教育的期待和建议。同时，也要关注高职学生的职业需求，探讨如何将语文教育与职业技能培养相结合，更好地满足他们的实际需求。

（二）高职语文教育的教学理论与方法

1.探讨任务驱动的语言教学理论与实践

研究将对任务驱动的语言教学理论进行深入探讨，并结合高职语文教育的实际情况，探讨如何将其应用于高职语文教育中。通过案例分析和教学实践，总结任务驱动教学的原则和方法，探讨如何设计任务型教学活动，激发学生的学习兴趣和主动性，提高语文教学的效果和效率。

2.研究现代教育技术在语文教育中的应用

随着信息技术的发展，现代教育技术在语文教育中的应用日益普及和重要。研究将分析不同的教育技术在高职语文教育中的应用现状和效果，探讨如何利用多媒体教学、网络教学、智能化教学等手段，提高教学效果和学习效率，满足高职学生的学习需求。

3.总结多种教学方法的优缺点

除了任务驱动的语言教学和现代教育技术，研究还将总结其他常见的教学方法，如讨论教学法、合作学习法、问题解决法等的优缺点。通过比较分析不同教学方法的特点和适用情况，为高职语文教育的教学理论和方法提供参考和借鉴。

（三）教材开发与评价、课堂教学设计与实施

1. 研究教材开发的原则和步骤

本研究将探讨高职语文教材的开发原则和步骤。这包括确定教材编写的目标和定位、选择适合高职学生的教材内容和形式、设计具有针对性和实用性的教学任务等方面。通过案例分析和专家访谈，总结教材开发的成功经验和值得借鉴的做法。

2. 分析高职语文教材的编写与选择

本研究将对高职语文教材的编写和选择进行分析。通过对不同教材的内容、结构、特点等方面的比较研究，评价其适用性和有效性。同时，还将探讨如何根据高职学生的特点和需求，开发和选择符合实际教学需要的教材，提高教学效果和学习质量。

3. 研究课堂教学设计与实施的策略和方法

研究将深入探讨高职语文课堂教学设计与实施的策略和方法。这包括设计具有针对性和灵活性的教学方案、运用多种教学手段和活动形式、注重学生参与和互动等方面。通过教学观摩、课堂实践和教学反思，总结和分享有效的教学经验和教学案例。

（四）评估与反馈、教师培养与发展

1. 研究教学评价方法和标准

本研究将探讨高职语文教学评价的方法和标准。包括定期的课堂评价、作业评价、考试评价等方面。通过研究不同的评价方法和工具，探讨如何科学、客观地评价学生的语文学习水平和教学效果，为教学改进提供依据和参考。

2. 研究反馈与个性化学习支持

研究将探讨如何通过及时有效的反馈机制，帮助学生发现和解决语文学习中的问题，激发他们的学习兴趣和动力。同时，还将研究如何为学生提供个性化的学习支持，根据他们的学习需求和特点，设计和实施个性化的学习计划和辅导措施。

3. 探讨教师培养与发展的机制和策略

本研究将研究教师培养与发展的机制和策略。包括提升教师的语文教育理论水平和教学技能、加强教师的职业发展和专业成长、建立健全的教师培训和评价体系等方面。通过研究不同的教师培养和发展模式，探讨如何提高教师的专业素

养和教学水平，促进教育质量的持续提升。

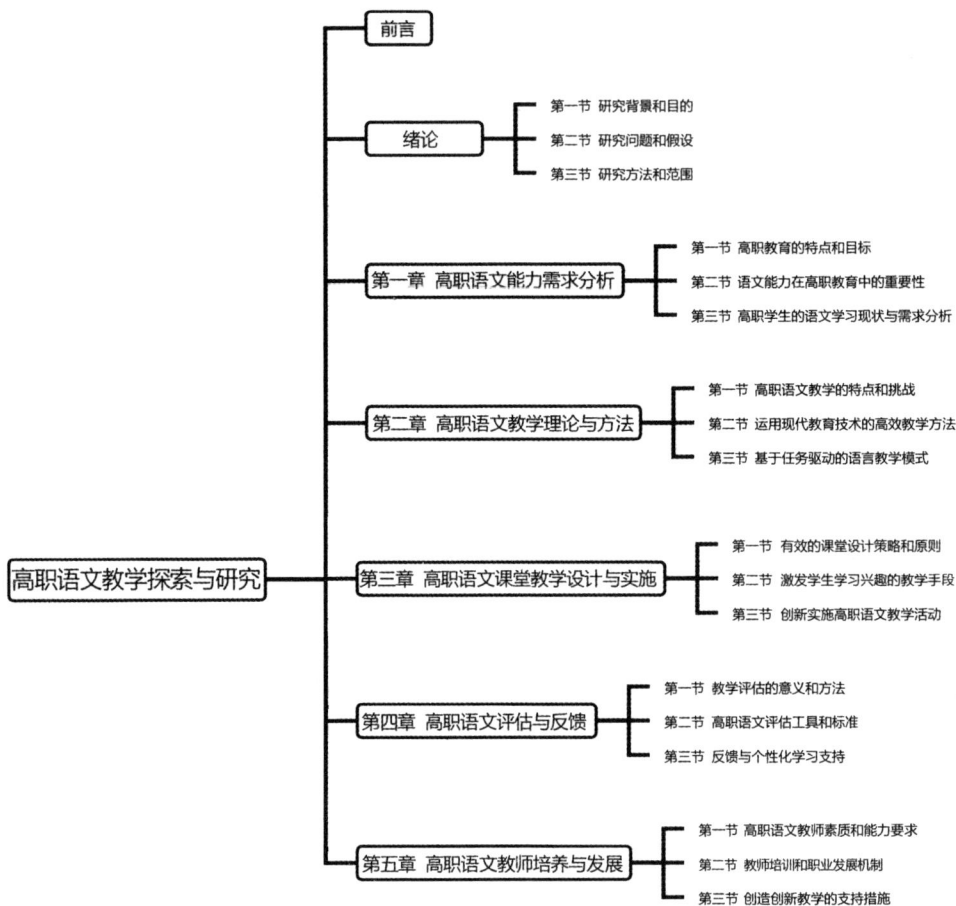

图 1-1 本书的框架结构图

第一章　高职语文能力需求分析

第一节　高职教育的特点和目标

一、高职教育的定位与特点

（一）高职教育的定位

高职教育作为中国教育体系中的重要组成部分，其定位不同于普通本科教育。高职教育的定位主要体现在以下几个方面。首先，高职教育的主要任务是培养技能型、应用型人才，与传统的本科教育相辅相成。与本科教育相比，高职教育更加注重学生实际工作所需的专业技能和职业素养的培养，强调学以致用，将学生的学习重心更加倾向于实践应用。其次，高职教育致力于满足市场需求，为社会经济发展培养适应性强、就业能力高的人才。高职教育的课程设置和教学内容更贴近社会实际需求，注重与产业结合，以满足市场对技术技能型人才的迫切需求。最后，高职教育强调学生的实践能力和职业素养的培养，注重学生在职场中的适应能力和应用能力。通过实践教学、实习实训等形式，使学生在校期间就能够熟悉并适应工作环境，具备一定的职业能力和工作经验，为其顺利就业奠定基础。综上所述，高职教育以培养技能型、应用型人才为主要目标，强调学以致用、紧密结合市场需求，注重实践能力和职业素养的培养，为社会经济发展提供了重要的人才支撑和保障。

（二）高职教育的特点

1. 实用性强

（1）职业技能紧密结合

高职教育在实践中注重将课程内容与职业需求相结合。其课程设置与教学内容更注重于培养学生具体的技能，这些技能可以直接应用于工作实践中。举例来说，一个计算机网络专业的高职学生可能会学习到网络配置、维护以及安全管理等实用技能，这些技能在网络工程师的实际工作中至关重要。因此，高职教育培养的学生通常能够快速适应工作环境，并且能够胜任相关的职业任务。

（2）知识转化为实际生产力

高职教育所注重的实践性培养使得学生所学的知识更容易转化为实际生产力。通过实际的项目案例、实习经历或者实验课程，学生能够将所学的理论知识与实际操作相结合，从而更好地掌握并运用所学内容。这种直接的实践性培养不仅提高了学生的学习兴趣，也增强了他们的解决问题的能力，为将来的职业发展打下了坚实的基础。

（3）培养解决实际问题的能力

高职教育强调学生的实践能力和解决问题的能力。学生在解决实际问题的过程中，不仅能够应用所学的知识和技能，还能够培养出分析、判断和解决问题的能力。这种能力的培养对于学生未来在职场上的发展至关重要，因为工作中往往需要处理各种复杂的情况和挑战，只有具备了解决问题的能力，才能更好地应对各种挑战。

2. 就业导向性

（1）直接从事相关行业工作

高职教育注重学生的职业技能培养，使得学生毕业后通常能够直接从事相关行业的工作。与本科教育相比，高职教育更直接地满足了市场对技术型和应用型人才的需求，因此高职毕业生在就业市场上更具竞争力。举例来说，一个机械制造专业的高职毕业生可能会直接就业于机械制造企业，而不需要额外的培训或者学习。

（2）就业率高

由于高职教育的就业导向性，高职毕业生的就业率通常较高。他们所接受的培训更直接地满足了市场的需求，因此更受雇主的青睐。在当前经济形势下，市场对技术型和应用型人才的需求仍然十分旺盛，高职毕业生往往能够迅速找到符合自己专业背景的工作机会。

（3）职业发展通道清晰

高职教育为学生提供了清晰的职业发展通道。学生在就业之后，可以通过不断学习和积累工作经验来提升自己的职业技能和水平。在一些行业中，高职毕业生还可以通过技能等级认定、技术资格考试等方式来提升自己的职业地位和薪资待遇。这种职业发展通道的清晰性使得高职教育的学生更容易规划和实现自己的职业目标。

3.灵活性和多样性

（1）课程设置灵活

高职教育的课程设置相对灵活，可以根据不同行业的需求进行调整和改进。这种灵活性使得高职教育能够更好地适应不同领域的发展和变化。例如，在新兴行业如人工智能、大数据等领域，高职教育可以及时调整课程设置，以满足市场对相关人才的需求。

（2）多样化的培养路径

高职教育为学生提供了多样化的培养路径和学习选择。学生可以根据个人兴趣和职业规划进行定制化学习，选择符合自己发展方向的专业和课程。例如，一个对互联网技术感兴趣的学生可以选择网络工程专业，而一个对机械制造感兴趣的学生则可以选择机械设计与制造专业。这种个性化的学习选择使得学生能够更好地发挥自己的特长，为未来的职业发展打下更加坚实的基础。

（3）培养多样化、适应性强的人才

由于高职教育的灵活性和多样性，培养出来的学生往往具备更加多样化、适应性强的特点。他们不仅具备了专业领域的知识和技能，还具备了跨学科的能力和综合素养。这种多样化的培养使得高职毕业生在职场上更具竞争力，能够胜任各种不同类型的工作和挑战。

二、高职教育的目标与导向

（一）高职教育的目标

高职教育的目标是紧密契合当前社会经济需求，培养具备丰富技术技能的人才，以满足不断增长的市场需求。这一目标的核心在于培养学生具备必要的职业能力和实践技能，使其能够顺利地融入职场并胜任各行各业的工作。高职教育通过提供系统的职业教育，致力于打造具备特定领域专业知识和技能的人才队伍，以促进社会经济的持续发展。

在实现这一目标的过程中，高职教育注重为学生提供与实际工作密切相关的教育内容和培训机会。通过结合专业理论知识与实践操作，学生在校期间将接受到全面的职业技能培养，包括但不限于技术操作、实验实训、工程设计等方面的训练。这种紧密结合实际需求的培养方式，有助于确保学生毕业后能够快速适应工作环境，并且在职场中表现出色。

此外，高职教育还着力于培养学生的创新精神和解决问题的能力。通过开展创新创业教育、科技竞赛等活动，学生将有机会提升自己的创新能力和实践能力，为未来的职业发展打下坚实基础。这种注重培养学生综合素质的教育理念，有助于使学生不仅在专业技能上具备优势，还能够在日后的职业生涯中展现出更大的潜力和竞争力。

（二）高职教育的导向

1. 就业导向

（1）职业技能培养

高职教育以就业为导向，其核心任务之一是培养具备一定职业技能的人才。学校通常会针对不同的专业领域设置相应的课程，重点培养学生掌握所需的专业技能和知识。例如，在计算机科学与技术专业，学生将学习编程、网络管理、数据库操作等实用技能，以满足 IT 行业对技术型人才的需求。

（2）适应市场需求

高职教育紧密关注市场对技术型、应用型人才的需求，课程设置和教学内容通常会根据市场变化进行调整。学校与企业、行业组织等密切合作，了解最新的职业需求，以确保学生毕业后能够迅速就业。例如，面对新兴行业的发展，如人工智能、物联网等，高职教育会及时调整相关专业课程，培养符合市场需求的人才。

（3）就业指导与服务

高职教育注重为学生提供就业指导和服务。学校通常设立专门的就业指导中心或者就业服务处，为学生提供职业规划、求职技巧培训、就业信息发布等服务。此外，学校还会组织校企合作、招聘会等活动，为学生提供就业机会和平台，帮助他们顺利就业。

2. 实践导向

（1）实践教学强调

高职教育强调实践教学，注重学生在实际工作中的应用能力和实践能力培养。除了课堂教学，学生通常还需要完成实习、实训等实践性任务。这些实践活动旨在让学生通过实际操作，加深对专业知识的理解，提高解决实际问题的能力。例如，在酒店管理专业，学生可能需要参与酒店实习，亲身体验酒店管理的各个环节，培养出一线工作所需的技能和经验。

（2）实习实训机会提供

高职教育通常为学生提供丰富的实习实训机会。学校会与各行业的企业建立合作关系，安排学生到企业进行实习，让他们在真实的工作环境中学习和实践。通过实习，学生不仅可以将所学的理论知识应用到实际工作中，还可以了解行业内部的运作机制和规则，为将来的就业做好准备。

（3）实践能力评价

高职教育对学生的实践能力进行全面评价。除了学习成绩外，学校通常还会对学生的实习实训情况进行评估，包括实践表现、工作态度、解决问题的能力等方面。这种综合评价旨在全面了解学生的实践能力水平，为他们的职业发展提供参考和指导。

3. 职业发展导向

（1）培养职业素养

高职教育旨在培养学生成为具备职业素养的人才。学校通常会注重学生的综合素质培养，包括沟通能力、团队合作能力、创新能力等方面。这些素养对于学生未来的职业发展至关重要，能够帮助他们更好地适应职场环境，提升自己的竞争力。

（2）提升职业竞争力

高职教育旨在为学生提升职业竞争力，使他们能够在激烈的就业市场中脱颖而出。除了专业技能外，学校还会注重学生的综合素质提升，如领导力培养、跨文化沟通能力等。这些能力的提升能够让学生更好地适应职场挑战，实现自身职业发展目标。

（3）持续学习与发展

高职教育鼓励学生进行持续学习与发展。学校通常会为学生提供继续教育的机会，如提供研究生教育、职业技能培训等。这些机会能够帮助学生不断提升自己的专业水平和职业素养，保持与行业发展同步，实现职业生涯的可持续发展。

第二节 语文能力在高职教育中的重要性

一、语文能力的内涵与作用

（一）语文能力的内涵

语文能力作为一种综合性能力，不仅涵盖了语言表达和阅读理解能力，还包括了更为广泛的方面。（见图2-1）

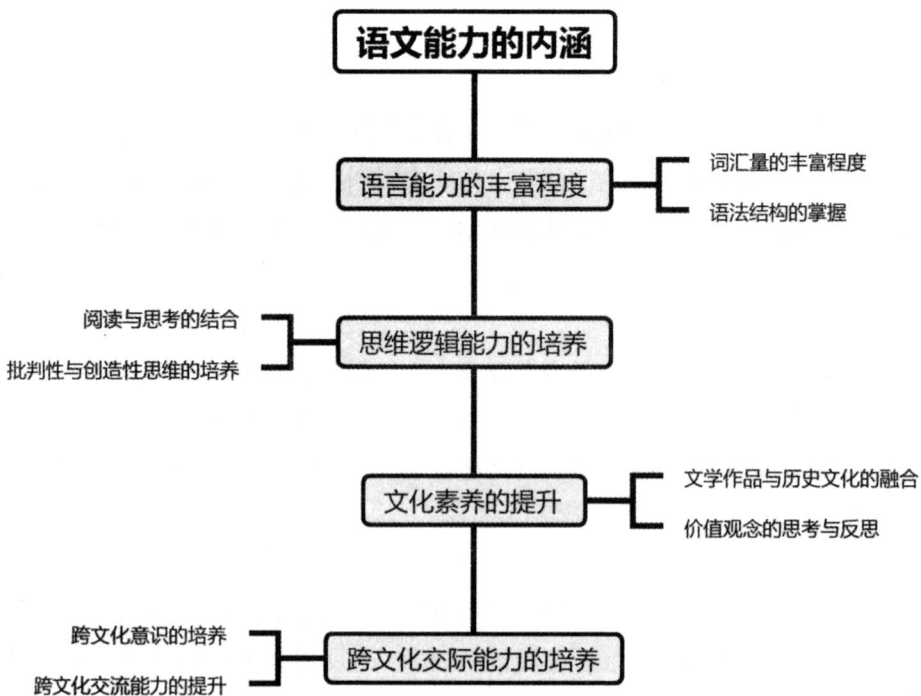

图 2-1 语文能力内涵的架构图

1.语言能力的丰富程度

（1）词汇量的丰富程度

语文能力的核心之一是词汇量的丰富程度。这不仅仅是指认识和理解各种词汇，更重要的是能够在适当的场合准确、恰当地运用这些词汇。一个拥有丰富词汇的人能够更加准确地表达自己的思想和意图，从而使得沟通更加顺畅、有效。

（2）语法结构的掌握

除了词汇量，语文能力还需要包括对语法结构的掌握。正确使用语法规则可以保证语言表达的准确性和流畅性。学生需要理解诸如句子结构、时态、语态等语法规则，并能够在表达时准确运用，使得所表达的意思更加清晰明了。

2. 思维逻辑能力的培养

（1）阅读与思考的结合

语文学习不仅仅是对文字的理解，更是对思维的锻炼。通过阅读文学作品、历史文献等，学生可以培养自己的思维逻辑能力。他们需要分析文本中的逻辑结构、推理过程等，从而加深对所学知识的理解，提高思维的清晰度和敏捷度。

（2）批判性与创造性思维的培养

语文学习还能够促进学生的批判性思维和创造性思维的发展。通过阅读文学作品、历史事件等，学生可以对作者的观点进行批判性分析，思考问题的多面性和复杂性。同时，他们也能够在写作过程中表现出创造性思维，通过构思新颖的文章结构、生动的描写手法等，展现自己的独特见解和创意。

3. 文化素养的提升

（1）文学作品与历史文化的融合

语文学习不仅仅是对语言的学习，更是对文化的学习。通过阅读文学作品、研究历史文化，学生可以了解不同时代、不同地域的文化传统和历史背景，拓宽自己的文化视野。这种文化素养的提升有助于学生形成独立、全面、深刻的人文精神，增强个人的人文素养。

（2）价值观念的思考与反思

除了对文学作品和历史文化的了解，语文学习还能够促进学生对自身价值观念的思考和反思。通过阅读不同题材、不同风格的作品，学生可以与作者进行心灵的对话，反思自己的生活态度、人生观念等，从而提高自己的人文素养和社会责任感。

4. 跨文化交际能力的培养

（1）跨文化意识的培养

语文学习能够帮助学生了解不同文化背景下的语言表达方式、社会习惯和价值观念，培养他们尊重和包容不同文化的能力。学生能够通过语文学习，逐渐拓展自己的跨文化意识，加深对不同文化之间差异和共通之处的理解。

（2）跨文化交流能力的提升

随着全球化的发展，跨文化交流成为当代人必备的能力之一。语文学习使学生能够不断提升自己的跨文化交流能力，包括语言能力、文化意识、沟通技巧等方面。他们能够更加灵活地应对跨文化交流的挑战，更好地适应多元化的社会环境。

（二）语文能力的作用

1.理解和运用专业知识

（1）准确理解专业术语和文献资料

良好的语文能力为学生准确理解专业术语和文献资料提供了重要支持。在学习和实践过程中，许多领域都有其特定的术语和概念，对这些术语的准确理解是理解和掌握专业知识的前提。通过良好的语文能力，学生能够更快速地理解和掌握专业术语的含义，并能够将这些术语与相关的概念联系起来，从而更好地理解专业知识。

（2）实践操作的有效语言支持

良好的语文能力使学生能够在实践操作中提供有效的语言支持。在实际工作或实验操作中，需要学生能够清晰地表达自己的想法、观点和实验结果，以便与他人交流和沟通。通过良好的语文能力，学生能够准确地表达自己的思想，避免产生歧义或误解，从而更有效地与同事、导师或合作伙伴进行合作和交流，提高工作效率和质量。

2.提升综合素质

（1）批判性思维的培养

良好的语文能力有助于提升学生的批判性思维能力。在阅读和分析文献、资料时，学生需要通过逻辑推理和思维辨析来理解作者的观点和论证，判断信息的可靠性和价值。通过对文本的深入理解和思考，学生能够培养出批判性思维，提高分析问题和解决问题的能力。

（2）创新能力的培养

良好的语文能力有助于培养学生的创新能力。通过阅读和理解不同领域的文献和资料，学生可以了解到前沿的研究成果和新颖的观点，从而激发自己的创新意识和创新思维。良好的语文能力使学生能够将自己的想法清晰地表达出来，并能够有效地与他人交流和讨论，促进思想碰撞和创新成果的产生。

（3）表达能力的提升

良好的语文能力有助于提升学生的表达能力。在学习和工作中，学生需要能够清晰地表达自己的观点、想法和意见，以便与他人进行有效的沟通和交流。通过语文学习，学生不仅能够提高语言表达的准确性和流畅性，还能够提高表达的逻辑性和说服力，从而更好地表达自己的观点和想法，提升自己在学术和职场上的竞争力。

3.增强职业素养

（1）观点和想法的准确表达

良好的语文能力使得学生能够更准确地表达自己的观点和想法。在职场环境中，准确地表达自己的观点和想法是非常重要的，它能够帮助与同事进行有效的沟通交流，促进工作的顺利开展。通过语文能力的提升，学生能够清晰地表达自己的想法，避免产生歧义或误解，提高了与他人合作的效率和质量。

（2）与同事和客户的沟通交流

良好的语文能力使学生能够更好地与同事和客户进行沟通交流。在职场中，有效的沟通是团队合作和工作推进的关键。通过语文能力的提升，学生能够更准确地表达自己的想法和意见，更好地理解他人的观点和需求，从而促进团队之间的合作和协作，提升工作效率和质量。与此同时，良好的语文能力也有助于学生与客户进行沟通交流，建立良好的客户关系，增强自己在职场上的竞争力和职业形象。

（3）提升专业形象

良好的语文能力有助于学生提升自己的专业形象。在职场中，良好的语言表达能力和沟通能力是衡量一个人专业素养的重要标志。通过语文能力的提升，学生能够更准确、更清晰地表达自己的观点和想法，与同事和客户进行高效沟通，展现出良好的工作态度和专业素养。这不仅能够增强学生在职场中的信任度和影响力，还能够为其职业发展打下良好的基础。

（4）解决问题的能力

良好的语文能力培养了学生解决问题的能力。在职场中，经常会遇到各种各样的问题和挑战，需要有解决问题的能力才能应对。通过语文学习，学生不仅能够提高自己的批判性思维和创新能力，还能够培养自己分析问题、解决问题的能力。良好的语文能力使学生能够准确理解问题的本质和关键，从而找到有效的解决方案，提高工作效率和质量，为自己在职场上赢得更多的机会和发展空间。

二、语文能力对高职学生的重要性

（一）有效沟通与交流

1.职场沟通基础

（1）语言表达能力

在职场中，良好的语文能力是进行有效沟通和交流的基础。语言表达能力是指个体能够清晰、准确地用语言表达自己的思想、观点和情感的能力。高职学生如果具备了良好的语言表达能力，就能够在工作中与同事、上司和客户进行有效的沟通，使沟通过程更加顺畅和高效。例如，能够清晰地陈述自己的工作进展、提出建议和解决问题，有助于促进团队的协作和工作的顺利进行。

（2）沟通技巧

除了语言表达能力外，良好的沟通技巧也是职场沟通的重要基础。沟通技巧包括倾听能力、表达技巧、反馈能力等方面。高职学生需要学会倾听他人的意见和建议，尊重他人的观点，同时也要学会清晰地表达自己的想法和需求。此外，及时、恰当地给予他人反馈，能够促进团队的良好互动，提高工作效率。

2.跨文化交流能力

（1）理解不同文化背景

随着全球化的加深，跨文化交流在职场中变得越来越普遍。良好的语文能力能够帮助高职学生更好地应对跨文化交流挑战。首先，学生需要具备理解不同文化背景的能力，包括语言、宗教、习俗等方面。通过语文学习，学生能够了解不同国家和地区的文化特点，理解他人的沟通习惯和价值观念，从而能够更好地与来自不同文化背景的人进行交流和合作。

（2）尊重和包容不同文化

良好的语文能力也能够帮助高职学生尊重和包容不同文化背景下的沟通习惯和价值观念。在跨文化交流中，尊重他人的文化习惯和价值观念是非常重要的，这能够建立良好的合作关系和友好的工作氛围。通过语文学习，学生能够增强自己的跨文化意识，培养尊重和包容不同文化的态度，从而更好地适应多元化的职场环境，促进团队的协作和发展。

（二）撰写专业文档与解读资料

1.撰写专业文档能力

（1）报告撰写能力

在职场中，撰写报告是高职学生经常需要面对的任务之一。良好的语文能力使他们能够准确、清晰地表达自己的思想和观点，以及对所涉及问题的分析和解决方案。他们能够结构合理地组织文档内容，包括引言、背景、方法、结果和结论等部分，使其具有较高的可读性和说服力。通过撰写报告，高职学生能够向同事、上级或客户清晰地展示工作成果、提出建议或解决问题的方案，从而更好地满足工作中的需要。

（2）方案制订能力

另外，高职学生还需要具备制订方案的能力。无论是针对项目管理、市场营销还是技术开发，制订清晰有效的方案对于项目的顺利推进至关重要。良好的语文能力使学生能够将复杂的问题进行分析和梳理，提出具体可行的解决方案，并将其清晰地表达在方案文档中。通过合理的逻辑结构和清晰的文字表达，他们能够为团队成员或决策者提供指导和参考，推动项目的顺利实施。

2. 解读专业资料和文献能力

（1）快速准确地理解能力

高职学生需要具备快速准确地解读专业资料和文献的能力。在工作中，他们可能需要阅读各种文献资料，包括行业报告、研究论文、技术手册等，以获取所需的信息和知识。良好的语文能力使他们能够迅速理解文献中的专业术语和概念，抓住关键信息，快速获取所需的知识，并能够运用到实际工作中。

（2）深入分析和综合能力

此外，高职学生还需要具备深入分析和综合能力。解读专业资料和文献不仅仅是理解表面信息，更需要进行深入的思考和分析。良好的语文能力使他们能够对文献中的论据、数据和结论进行深入分析，评估其可靠性和适用性，并将不同来源的信息进行综合，形成全面的认识和理解。这种能力有助于他们更加全面地把握所涉及问题，为解决问题和制订策略提供更有价值的参考和支持。

（三）提升职业竞争力

1. 求职面试表现

（1）语言表达能力的重要性

在求职面试中，语言表达能力是评判求职者的重要指标之一。良好的语文能力使高职学生能够在面试中流畅自如地表达自己的思想和观点。他们能够用准确、清晰的语言回答面试官的问题，展示自己的专业知识和技能，使面试官对其印象深刻。良好的语言表达能力有助于建立良好的沟通和交流，增强与面试官之间的互动，从而提高了面试的成功率。

（2）沟通技巧的应用

除了语言表达能力外，沟通技巧也是求职面试中的关键因素之一。良好的语文能力使高职学生能够在面试过程中灵活运用各种沟通技巧，与面试官建立良好的沟通关系。他们能够积极倾听面试官的问题，理解其意图，并能够清晰、简洁地回答问题，不啰嗦不含糊。同时，他们还能够主动与面试官展开有深度的讨论，展示自己的学习能力和思维能力，给面试官留下深刻的印象。

2. 职业发展潜力展示

（1）与同事、上司的良好沟通

良好的语文能力能够帮助高职学生展示出良好的职业发展潜力。在工作中，与同事、上司之间的良好沟通关系是提升个人职业发展的关键。良好的语文能力使学生能够清晰地表达自己的想法和观点，与同事、上司进行有效的沟通和交流。他们能够准确地理解他人的意图和需求，并能够提出合理的建议和解决方案，赢得同事和上司的信任和认可，为自己的职业发展奠定良好的基础。

（2）展示出的工作能力和潜力

良好的语文能力还能够帮助高职学生展示出自己的工作能力和潜力。在工作中，良好的语言表达能力和沟通技巧不仅能够帮助学生与同事、上司等合作伙伴顺利沟通，还能够帮助他们清晰地表达自己的工作成果和贡献，展示出自己的工作能力和潜力。通过与同事的良好合作、优秀的工作表现以及积极的学习态度，高职学生能够为自己的职业发展铺平道路，赢得更多的职业发展机会和提升空间。

第三节　高职学生的语文学习现状与需求分析

一、高职语文教育的发展脉络

（一）关键历史时刻

1. 高职教育的兴起

高职教育起源于 20 世纪初的工业革命时期，当时工业化的发展对技术工人和蓝领劳动力的需求迅速增加。这促使了高职教育的兴起，以培养熟练的技术人才。在这个时期，高职教育的语文教育主要侧重于技术手册的阅读和实际操作指导。

（1）工业革命时期的背景

20 世纪初，工业革命的浪潮席卷了世界各地。工业化的快速发展带来了生产力的巨大提升，工业企业对技术工人和蓝领劳动力的需求急剧增加。机械、电子、化工等行业的兴起催生了新的职业领域，对于熟练的技术人才需求大幅上升。

（2）高职教育的兴起

在这一背景下，高职教育迅速兴起，以满足不断增长的职业技术需求。高职教育的目标是培养具备实际操作技能的职业人才，以支持工业和技术行业的发展。这种类型的教育强调实际技能的培养，为学生提供了适应工业社会的机会。

（3）语文教育的特点

20世纪初的高职教育中，语文教育呈现出独特的特点。首先，它强调技术手册的阅读和实际操作指导。学生在这一时期被培养成能够理解并准确执行技术手册、操作指南以及其他相关文档的能力。这种培养方式不仅要求学生掌握特定行业的术语和表达方式，还要求他们能够将这些理论知识应用于实际操作中，以确保工作任务的准确完成。其次，高职语文教育强调实际技能的培养。课程内容与学生未来职业领域的需求直接相关，例如机械操作、电子维修、化学实验等。这种实践导向的教育模式旨在确保学生毕业后具备足够的技能和经验，能够胜任特定职业领域的工作。此外，高职语文教育还具有明显的职业导向。学生在学习过程中被引导成为特定领域的从业人员，课程内容通常与相关行业的要求紧密匹配。这种职业导向的教育理念旨在确保学生毕业后能够顺利就业，为社会的经济发展做出贡献。总的来说，20世纪初的高职语文教育为工业社会提供了必要的技术人才，为职业领域的发展和壮大做出了重要贡献。然而，随着社会的不断演进和技术的不断进步，高职语文教育也在不断调整和改革，以适应新时代的需求，为培养更加全面、具备创新精神的专业人才而努力。

2. 高职教育的规范化

随着高职教育的发展，对于语文教育的需求逐渐扩展到了更广泛的领域。20世纪50年代，高职教育开始规范化，语文课程逐渐丰富多彩，包括文学、写作、口才等方面的内容。这一时期，高职语文教育的目标是培养技术工人的基本文化素养，以适应复杂多样的社会需求。

（1）规范化的背景

20世纪50年代，高职教育经历了一场显著的转变。这一时期，工业和技术领域的不断发展导致了高职教育需求的进一步扩展。高职院校逐渐规范化了其教育体系，以适应更广泛领域的学习需求。

（2）丰富多彩的语文课程

在高职语文教育中，内容的丰富多彩标志着对学生综合素养的更为全面培养。语文课程不再仅仅局限于传统的技术手册阅读和操作指导，而是拓展到更广泛的文化和语言领域。其中，文学课程扮演着重要角色。学生有机会接触和学习来自古今中外的文学经典作品，这种涉猎能够使他们更好地理解人性、社会和文化，同时培养审美情趣，提升个人的文化修养。此外，写作技能的培养也成为语文课程的重要内容。学生学习写作规范、文体创作以及报告撰写等技能，这些能力不仅能够帮助他们更好地表达自己的想法和观点，还为未来的职业发展奠定了坚实的基础。另外，口才和演讲能力也被纳入了课程范畴。通过演讲和口才训练，学生不仅提高了沟通能力和自信心，还培养了团队协作的能力，这在职业生涯中至关重要。这一时期高职语文课程的丰富多彩，不仅加强了学生的专业知识，更是促进了他们的综合素养的全面提升，为他们未来的发展打下了坚实的基础。

（3）基本文化素养的培养

高职语文教育的目标在20世纪50年代开始更加注重培养学生的基本文化素养。这包括对文学、语言和社会文化的深入理解，以及与人沟通和合作的能力。高职院校认识到，除了技术技能，学生还需要具备综合素质，以适应复杂多样的社会需求。

20世纪50年代标志着高职语文教育的规范化和丰富化，为学生提供了更广泛的知识和技能，以适应不断发展的社会和职业领域。这一时期的变革为高职语文教育奠定了更为多元化和综合性的基础。

3. 高职教育的改革

20世纪80年代，中国高职教育经历了一次重大的改革和发展。高职院校逐渐增多，课程设置逐渐丰富，语文教育也得到了进一步的强化。这一时期，高职语文教育开始注重学生的实际应用能力，包括职业领域的文书写作、口头表达和职场沟通等技能的培养。

（1）高职教育的改革背景

20世纪80年代，中国高职教育面临着新的挑战和机遇。国家经济改革和现代化建设的推进导致了对技术和职业教育的更大需求。为了适应社会的快速变化和不断升级的产业需求，高职教育进行了一系列的改革，旨在提高教育质量和培养更符合市场需求的人才。

（2）高职院校增多和课程丰富化

在20世纪80年代，高职院校的数量迅速增加。这些新成立的高职院校的课程设置逐渐丰富多样，涵盖了更广泛的领域。这一变化使得高职教育更加多元化，学生有更多选择，能够根据自己的兴趣和职业规划来选择合适的专业。

（3）高职语文教育的强化

高职语文教育在20世纪80年代得到了进一步的强化。此时，教育界开始认识到，除了技术技能，学生还需要具备更多的综合素质和实际应用能力。高职语文教育开始注重培养学生在职业领域的文书写作、口头表达和职场沟通等方面的技能。

20世纪80年代，高职语文教育迎来了一轮深化和强化的改革。这一时期教育界逐渐认识到，除了传统的技术技能外，学生还需要具备更多的综合素质和实际应用能力，以适应不断变化的职场环境。在这一背景下，高职语文教育开始着重培养学生在职业领域的文书写作、口头表达和职场沟通等方面的技能。

一是，高职语文教育强调了文书写作技能的重要性。学生需要掌握在职场环境中所需的文书写作技能，这包括了解职业文书的写作规范，能够撰写报告、申请书、邮件等不同类型的文档。这种能力的培养使学生能够有效地表达自己的观点和想法，并在工作中准确清晰地传递信息。

二是，口头表达能力成为高职语文教育的重点之一。为了提高学生的职场竞争力，教育开始注重口头表达的训练。学生通过参与演讲、辩论和小组讨论等活动，不仅提高了自己的口头表达能力，还培养了自信心和团队合作精神，为未来在职场中的表现打下了坚实基础。

三是，高职语文教育还强调了在职场中的沟通技巧。有效的职场沟通是职业成功的重要因素之一，因此学生需要学习如何与同事、领导和客户进行有效沟通。这包括了倾听技巧、表达清晰、与他人建立良好的沟通关系等方面的训练，使学生能够在各种工作场景中应对自如，有效解决问题并达成目标。

4. 高职语文教育的现代化

随着信息技术的普及和全球化的发展，高职语文教育进一步现代化。课程内容包括数字媒体写作、跨文化沟通和在线传播技能等现代职场所需的技能。高职语文教育也开始注重学生的软实力，如沟通能力、团队合作和问题解决能力的培养。

（1）信息技术的普及和全球化的影响

21世纪初，信息技术的普及和全球化的发展带来了前所未有的变革，这对高职教育和高职语文教育产生了深远影响。互联网的普及使信息传播更加迅速和广泛，企业和组织需要员工具备现代化的传播技能。同时，全球化意味着跨文化沟通和国际化业务的需求不断增加。

（2）课程内容的现代化

高职语文教育在现代化改革中，课程内容焕发了新的活力。传统的文学和写作课程得到了全面拓展，以适应数字化时代和全球化环境下职场的需求。其中，数字媒体写作成为突出的课程内容之一。学生不仅学习如何在数字媒体平台上撰写文章、博客和社交媒体内容，更重要的是，他们获得了在互联网上进行有效传播的技能，这对于适应当今数字化传播方式至关重要。同时，跨文化沟通也成为高职语文教育的重要组成部分。在全球化的背景下，跨文化沟通能力变得至关重要，学生需要理解并尊重不同文化之间的差异，以确保与国际客户和合作伙伴之间的有效沟通和合作。最后，高职语文教育开始着重培养学生的在线传播技能。随着数字媒体和社交媒体的普及，学生需要学会管理社交媒体账号、与在线受众互动，并能够撰写适合在线阅读的内容。这些现代化的课程内容使得学生能够更好地适应数字化时代和全球化背景下的职场环境，为其未来的职业发展打下了坚实的基础。

（3）软实力的培养

除了现代化的课程内容，高职语文教育还着重培养学生的软实力，以应对职场的挑战。其中，沟通能力是其中一个重要的方面。通过各种形式的活动，如演讲、辩论和小组讨论，学生得以提升口头表达和沟通能力，这对于他们在职场中与同事和客户进行有效的沟通至关重要。此外，团队合作也被高职语文教育所重视。参与校园活动和社会实践使得学生学会如何协调不同意见、分工合作，以实现共同的目标，从而培养了他们的团队合作能力。而在解决问题的能力方面，学生则通过实践和竞赛中面临的各种挑战和问题得以锻炼。通过解决这些问题，他们不仅积累了丰富的经验，也培养了解决问题的能力，这对于他们在职业生涯中应对复杂情况和挑战至关重要。21世纪初，高职语文教育在信息时代和全球化背景下经历了现代化的发展，使得学生更好地适应了职场的需求，同时也培养了他们的综合素质和实际应用能力。这一时期的改革为高职教育的未来打下了坚实的基础，使得学生能够更好地迎接未来职场的挑战和机遇。

二、高职学生语文学习现状的概述

高职学生语文学习现状存在诸多问题，主要表现在语文基础薄弱、学习动力不足和阅读能力不佳等方面。（见图2-2）

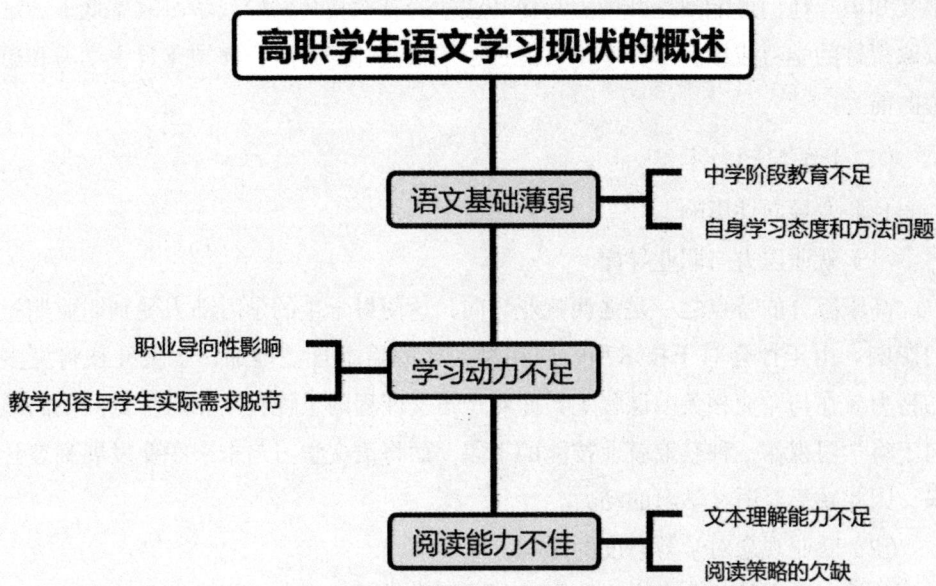

图2-2 高职学生语文学习现状架构图

（一）语文基础薄弱

1. 中学阶段教育不足

（1）语文地位不明确

在普通高中教育中，语文学科的地位常常不够突出，容易被数理化等学科所掩盖。学校和教育机构可能过于关注提高学生的科学素养，而对语文学科的重要性认识不足。这导致了语文教育的资源投入不足，课程设置不够充实，教学质量参差不齐。

（2）教学方法单一

另外，中学阶段语文教育往往采用传统的教学方法，注重对文本的解读和死记硬背，缺乏足够的启发式教学和实践性操作。这种单一的教学方式可能导致学生对语文学科的兴趣和热情降低，进而影响了他们的学习效果。

2. 自身学习态度和方法问题

（1）缺乏学习动力

一些高职学生可能缺乏对语文学习的积极性和主动性，将更多的精力投入到专业课程的学习中，而对语文学科产生了抵触情绪。他们可能认为语文学科与其未来职业发展无关，因此对其重视程度不高，缺乏学习的动力。

（2）学习方法不当

此外，部分高职学生可能没有掌握科学的学习方法，不知道如何有效地学习语文知识。他们可能缺乏阅读、写作和表达的有效技巧，导致学习效率低下，难以取得好的学习成绩。部分学生可能过于依赖教师的讲解，而缺乏自主学习和思考的能力。

（二）学习动力不足

1.职业导向性影响

（1）就业压力与职业导向

高职教育的特点之一是强调就业导向，这使得学生的学习动力受到职业期望的影响。由于社会对于技术型、应用型人才的需求日益增加，学生往往将更多的精力放在与专业相关的课程上，而对于语文课程的重视程度相对降低。他们倾向于将学习视作一种获取就业技能的手段，而将语文学习与未来职业发展割裂开来，因此缺乏对语文学习的动力。

（2）就业观念对学习态度的影响

此外，学生的就业观念也会影响其对语文学习的动力。如果学生认为在特定行业就业所需的语言能力较低，或者对语文能力的重要性认识不足，他们可能会将语文学习视为次要甚至可有可无的课程，而更愿意将精力投入到与专业相关的技能培训上。

2.教学内容与学生实际需求脱节

（1）课程设置的实用性考量

高职院校的语文课程设置需要考虑与学生实际职业需求的贴合度。如果课程内容过于偏重文学、文化等传统语文知识，而忽视了与学生专业相关的实际应用场景，学生可能会感到课程与自身职业发展不相关，从而降低了学习动力。

（2）缺乏实践性教学

此外，如果语文课程缺乏实践性教学环节，无法让学生将所学知识与实际工作场景相结合，学生可能会认为学习语文缺乏实际意义，难以产生学习动力。因此，语文教育应该更加注重实践性教学，让学生通过实际操作和案例分析等方式，感受语文知识在职场中的实际应用场景，从而增强学习动力。

（三）阅读能力不佳

1.文本理解能力不足

（1）表面理解与深层含义把握

高职学生普遍存在着文本理解能力不足的问题，其中一个主要表现是缺乏对文本深层含义的把握能力。他们往往只停留在字面上的理解，而无法深入挖掘文本背后的深层意义。这可能源于在学习过程中，学生更注重于速度和表面的信息获取，而忽视了对于文本内涵的深度思考。这种表面化的理解方式使得他们难以从文本中获取到更为深刻、更为丰富的知识和信息，从而影响了对于课程资料、专业文献以及实际工作中的文本材料的理解和应用。

（2）对于文本结构的理解不足

此外，部分高职学生可能在理解文本结构方面存在不足。他们未能准确把握文章的逻辑结构、论证方法以及各部分之间的关系，导致对于整篇文本的理解能力受到限制。这种情况下，即使能够理解单个词语或句子的含义，也难以将其组织成一个完整的整体理解。这种对文本结构理解不足的现象严重制约了他们在阅读过程中的深入思考和综合分析能力。

2. 阅读策略的欠缺

（1）缺乏有效的阅读方法

高职学生的阅读策略可能存在欠缺，其中一个主要问题是缺乏有效的阅读方法。他们可能没有掌握科学的阅读技巧和策略，不知道如何在短时间内快速准确地获取文本信息。这导致了他们在阅读过程中的效率较低，需要耗费更多的时间和精力才能完成一篇文本的理解。这种情况下，即使面对简单的文本，也会出现阅读理解不足的问题，更不用说处理复杂或专业性较强的文本了。

（2）缺乏阅读技巧的影响

此外，缺乏阅读策略也会对学生的阅读能力产生负面影响。在面对专业性较强的文献或资料时，如果没有掌握有效的阅读技巧，学生可能会陷入困惑，无法有效地抓住关键信息，从而影响对于文本的整体理解和应用。这种阅读策略的欠缺也会对学生的学习和工作造成一定的困扰和障碍。

三、高职学生语文学习的需求分析

高职学生在语文学习方面有着明确的需求，包括提升阅读能力、加强写作表达能力和培养语言交流能力等方面。（见图 2-3）

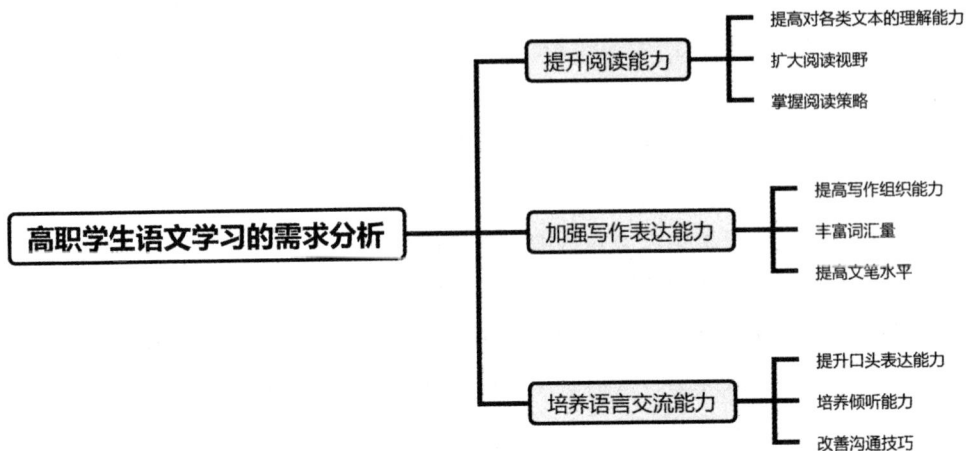

图2-3 高职学生语文学习的需求分析架构图

（一）提升阅读能力

1.提高对各类文本的理解能力

（1）分析文本结构

高职学生需要通过语文学习提升对各类文本的理解能力，这包括分析文本结构的能力。他们应该能够识别文章的主题、段落之间的逻辑关系、论据和论点的展开等，从而更好地把握文本的内容和主旨。通过对文本结构的深入理解，学生可以更系统地阅读和理解各类资料和文献。

（2）理解作者意图

此外，学生还需要培养理解作者意图的能力。阅读过程中，他们应该能够分析作者的观点、态度和立场，了解作者想要传达的信息和目的。这有助于他们更深入地理解文本背后的含义，从而更准确地获取所需信息。

2.扩大阅读视野

（1）涉猎多样化的文本

为了提升阅读能力，高职学生需要不断扩大阅读视野，涉猎各种不同类型的文本。除了专业课程资料，他们还应该阅读各类报刊、网络文章、学术论文等。这样的多样化阅读能够帮助他们从不同的角度获取信息，拓展知识面，提高综合素养。

（2）深入研读专业文献

此外，学生还应该深入研读与自己专业相关的文献资料。通过系统地学习专业领域的经典著作、行业报告和研究论文，他们可以更深入地了解行业动态和专业知识，提升自己在工作中的竞争力。

3.掌握阅读策略

（1）提高阅读速度与效率

有效的阅读策略对于提升阅读能力至关重要。学生需要掌握快速有效地阅读大量资料的技巧，例如扫读、略读和精读等。通过这些方法，他们可以在短时间内快速获取文本的主要信息，提高阅读效率。

（2）运用阅读技巧解决难题

此外，学生还应该学会运用不同的阅读技巧解决理解难题。例如，他们可以通过查阅词典、进行背景了解、构建上下文等方式来克服词汇障碍和理解难点。通过不断练习和应用这些技巧，他们可以逐渐提高自己的阅读能力，并更好地应对各类阅读任务。

（二）加强写作表达能力

1.提高写作组织能力

（1）培养逻辑思维能力

良好的写作组织能力对于高职学生至关重要，他们需要通过语文学习培养自己的逻辑思维能力。这意味着学生需要能够清晰地组织文章结构，合理安排段落，使得文章的逻辑关系清晰，层次分明。通过训练和实践，学生可以逐渐提高自己的组织能力，写出具有条理性和连贯性的文章。

（2）清晰明了地表达观点

除了组织能力，高职学生还应该注重清晰明了地表达观点。他们需要学会用简洁明了的语言准确表达自己的想法和观点，避免文字冗长或含糊不清。通过训练，学生可以提高自己的表达能力，使得文章更具说服力和影响力。

2.丰富词汇量

（1）积极阅读拓展词汇量

为了提高写作表达能力，高职学生需要不断扩大自己的词汇量。他们可以通过积极阅读各类文学作品、专业书籍以及报刊等，从中学习新词汇，丰富自己的词汇库。通过不断的词汇积累和记忆，学生可以提高自己的表达方式，使得写作更加生动、准确。

（2）灵活运用词汇

除了积累词汇外，高职学生还需要学会灵活运用所掌握的词汇。他们应该根据文章的内容和目的，选择恰当的词汇来表达自己的观点和情感。通过反复练习和应用，学生可以逐渐提高自己的词汇运用能力，写出更加丰富多彩的文章。

3. 提高文笔水平

（1）掌握修辞手法和句式结构

高职学生需要通过不断练习提高自己的文笔水平。他们可以学习各种修辞手法和句式结构，如比喻、排比、对偶等，以丰富自己的写作风格和表达方式。通过灵活运用这些修辞手法，学生可以使得文章更具吸引力和感染力。

（2）反复修改和润色

除了掌握修辞手法外，学生还应该注重反复修改和润色。他们需要不断地审视自己的文章，发现其中的不足之处，并进行适当的修改和改进。通过反复修改，学生可以提高文章的质量和表现力，使得其更具吸引力和说服力。

（三）培养语言交流能力

1. 提升口头表达能力

（1）清晰流畅的表达

在职场中，高职学生需要能够清晰、流畅地表达自己的观点和想法。通过语文学习，他们可以提升自己的口才和表达能力，学会在不同场合运用恰当的语言，使得沟通更加顺畅、高效。这包括训练自己的口语表达能力，提高语言组织和表达的准确性，以确保自己的观点能够清晰地传达给听众。

（2）应对不同场合的表达

除了提高口头表达能力外，高职学生还需要学会根据不同的场合选择适当的表达方式。他们需要学会在会议上进行演讲，参与小组讨论时进行交流，与客户进行商务谈判时进行沟通等。通过语文学习，他们可以了解不同场合的语言特点和表达技巧，从而能够更加灵活地应对各种交流情境。

2. 培养倾听能力

（1）尊重他人观点

除了表达能力外，高职学生还需要培养自己的倾听能力。他们需要学会倾听他人的意见和建议，尊重他人的观点，从中获取有价值的信息。通过倾听他人的意见，他们可以拓展自己的思路，了解不同的观点和看法，从而更全面地认识问题并作出更好的决策。

（2）有效地反馈和回应

倾听能力的提升还需要学会有效地反馈和回应。高职学生需要学会倾听他人的意见后进行适当的回应，表达自己的态度和观点，从而促进良好的沟通和交流。

通过有效的反馈和回应，他们可以建立起良好的人际关系，提高团队协作的效率。

3.改善沟通技巧

（1）语言表达的技巧

良好的沟通技巧是高职学生成功的关键之一。他们需要通过语文学习不断提升自己的语言表达技巧，包括词汇的选择、句式的运用、语气的把握等。这些技巧可以帮助他们更准确、更生动地表达自己的观点，使得沟通更加顺畅、有说服力。

（2）解决问题的技巧

另外，沟通技巧还包括解决问题的技巧。高职学生需要学会通过有效的沟通解决工作中遇到的问题，包括倾听他人的意见、协调团队成员的利益、寻找解决方案等。通过语文学习，他们可以提升自己的问题解决能力，为工作的顺利进行提供支持。

第二章　高职语文教学理论与方法

第一节　高职语文教学的特点和挑战

一、高职语文教学的特点

高职语文教学面临着一系列特点，其中包括：

（一）与思想政治教育相结合

在诸多对大学语文的定义中，通常将其视为一门以人文素质教育为核心的文化必修课，具备工具性、知识性、基础性等特征。然而，这种教育理念往往忽视了大学语文所具有的思想性、教育性等方面的重要意义，从而无法充分认识到大学语文在思想政治教育中的潜力与作用。

1.需要修订大学语文课程标准

修订大学语文课程标准是一项重要举措，旨在使语文教育更好地服务于社会主义核心价值观的传承与弘扬，以及学生思想政治教育的全面落实。这一修订需要从多个方面入手，以确保语文教育与思想政治教育相一致、相辅相成。

第一，人才培养目标是修订大学语文课程标准的重要依据。新的课程标准应明确人才培养目标，强调学生的思想政治素养、文化修养和实践能力的全面提升。在培养目标的明确下，课程设置和教学安排能更好地围绕社会主义核心价值观展开，使学生在语文学习中不仅仅是获取知识，更是接受思想政治教育的洗礼和熏陶。

第二，课程内容的修订至关重要。在新的课程标准下，语文教育需要更加注重社会主义核心价值观等思政元素的渗透和融入。除了经典文学作品的学习外，还应该引入一些具有现实意义和社会价值的文本，如优秀的时事评论、公共演讲稿等，以拓宽学生的思维视野，引导他们思考社会现实和价值取向。

教学组织和教学方法也需要根据新的课程标准进行调整和创新。教师在教学中应该注重思想政治教育的渗透，采用启发式教学、案例教学等灵活多样的教学方法，激发学生的思考和参与热情，引导他们在语文学习中感悟人生、培育情感、弘扬正气。

实践教学是大学语文课程的重要组成部分，新的课程标准应该更加重视实践教学环节的设计和安排。通过文学创作、朗诵比赛、演讲比赛等形式的实践活动，学生可以将语文知识与实际生活相结合，加深对思想政治理论的理解和体会，提升自身的综合素养和实践能力。

第三，课程考核也应与新的课程标准相适应。除了传统的笔试形式外，还应该加强对学生思想政治素养和实践能力的考核，引入课堂参与度、实践表现、综合评价等多维度评价方式，全面客观地评价学生的学习效果和能力水平。

2. 需要精心设计教学内容

在大学语文课堂中，精心设计教学内容是促进语文教育与思想政治教育融合的关键之一。通过有意识地将作家的人生经历与教学内容相结合，可以有效地引导学生深入理解文学作品背后所蕴含的思想政治内涵，进而培养学生的思想政治素养和道德情操。

以鲁迅先生的作品《离婚》为例，这部小说深刻地反映了当时社会的黑暗现实和人民的苦难生活。鲁迅先生作为一位杰出的文学家和思想家，其创作背后的人生经历和思想倾向对于理解这部作品具有重要意义。在教学中，可以通过介绍鲁迅先生的生平和思想，向学生展示他对于爱国主义和人道主义的坚定信念，以及他在文学创作中所表达的社会批判精神和对于人性的关怀。这样的教学内容不仅能够激发学生对文学作品的兴趣，还能够引导他们思考社会现实和人生意义，提升其思想境界和道德修养。

通过精心设计教学内容，将作家的人生经历与教学内容相结合，不仅可以加深学生对文学作品的理解和欣赏，还可以启发他们对社会、人生的思考，促进其思想政治素养的全面提升。这种教学方式不仅是语文教育的创新，也是推动思想政治教育与语文教育融合发展的有效途径。

3. 需要完善课程考核内容

为了更好地体现语文教育与思想政治教育的有机结合，需要对大学语文的课程考核内容进行完善。传统的卷面成绩评价体系往往难以全面反映学生的语文素养和思想政治水平，因此采用过程评价和卷面评价相结合的方式，能够更好地评价学生的综合素质和思想政治表现。

（1）过程评价在课程考核中占据重要地位

过程考核应该包括多个方面，如学生的出勤情况、课堂表现、作业完成情况以及职业素养等。出勤情况反映了学生对课程的重视程度和学习态度，而课堂表现则能够直观地观察学生的学习状态和参与程度。此外，作业完成情况也是评价学生语文素养的重要指标，包括纸面作业、空间作业以及互动交流等。通过对这些方面的评价，可以更全面地了解学生的学习情况和思想政治表现。

（2）课程考核还应新增对学生职业素养的评价

作为高职教育的一部分，大学语文课程应该注重培养学生的职业素养，包括创新精神、职业道德等方面。通过对学生在这些方面的表现进行评价，可以更好地培养学生的综合素质和思想政治水平。例如，对学生的创新精神进行评价可以考察其在学习中是否具有独立思考能力和创新意识，而对职业道德的评价则可以考查学生在学习和工作中是否遵守职业操守和道德规范。

（二）与信息技术相结合

随着信息技术的不断发展，互联网的创新成果已经深刻地影响了社会的各个领域，包括教育。教育与互联网的深度融合已经成为时代发展的需要，也是推动教育向纵深化、内涵化发展的重要途径。在高职语文教育中，教师需要结合新时代的发展趋势，充分利用信息技术为语文课程教学提供优质服务，以提升教学效果。实现信息技术与高职语文的有效融合有以下几个方面：

1. 创新教学手段

为了提高教学效果，教师可以创新教学手段，充分利用信息技术的优势。借助世界大学城空间、超星泛雅学习平台、蓝墨云班课等教学平台，教师可以录制精彩的微课视频，涵盖重要知识点，并将其发布在教学平台上供学生线上学习。同时，教师还可以通过课堂签到、专题讨论等方式，与学生进行互动，实现线上学习与课堂讲授的有效对接。这种方式不仅能够提高学生的学习积极性，还能够使学生更好地理解和掌握课程内容。

2. 营造良好的教学氛围

良好的教学氛围对于提高学生专注力和学习效果至关重要。信息技术在营造教学氛围方面可以发挥重要作用。例如，在学习诗歌《春江花月夜》时，教师可以利用信息技术播放名家的朗诵音频，结合春江月夜的美丽画面，帮助学生沉浸在课文情境中，快速把握诗歌意象以及诗人的写作意图。通过这种方式，学生能够更深入地理解课文，提高学习的效果和质量。

3. 创新教学模式

教师可以采用"翻转式"教学模式，结合信息技术，为学生提供更加灵活和个性化的学习方式。在这种模式下，学生在课后通过观看微课视频进行学习，并总结自己的学习心得和体会。而在课堂上，教师则针对学生的学习困惑进行解答，并通过讨论、探究、合作等方式，深化学习内容，激发学生的学习兴趣和思维能力。这种创新教学模式能够更好地适应学生的学习需求，提高教学的针对性和有效性。

（三）与区域文化相结合

我国是一个幅员辽阔统一的民族国家，各地区因地理环境、历史传承、民族风情等因素而形成了丰富多彩的区域文化。这些区域文化不仅是当地人民的精神财富，也是中华民族文化的重要组成部分。将区域文化与高职语文教育相结合，可以丰富教学内容，拓宽学生视野，提升他们的文化素养和民族自豪感。具体而言，可以从以下三个方面着手：

1. 深挖区域文化资源融入课程内容

区域文化作为我国传统文化的重要组成部分，蕴含着丰富的历史、传统和人文内涵。将区域文化融入高职语文课程中，可以为学生提供更具地域特色的学习体验，促进他们对地方文化的认同和理解。一个生动的例子是，在学习余秋雨的《风雨天一阁》时，教师可以巧妙地引入湖南著名的文化名楼——岳阳楼，通过对文化楼阁中所深藏的贬官文化进行赏析，与宁波的天一阁相比较，展现不同地域文化之间的碰撞与交融。

岳阳楼作为湖南的地标性建筑，不仅是岳麓山的象征，更是中国古建筑中的佼佼者。它不仅体现了湖南地区的历史文化底蕴，还承载着丰富的文化内涵。在《风雨天一阁》这篇文学作品中，通过对岳阳楼的描写和赞美，作者展现了对湖南地区文化的热爱和推崇，以及对传统文化的深刻理解。

与之相比，宁波的天一阁则是浙江地区的代表性建筑，也是中国古代文化的瑰宝之一。天一阁以其独特的建筑风格和深厚的历史积淀，吸引了无数游客和学者前来参观和研究。在语文课程中，通过对比岳阳楼和天一阁的建筑特点、历史渊源以及文化内涵，可以引导学生深入了解两地区的地域文化差异和相通之处，进一步拓宽他们的知识视野，增强他们对多元文化的包容心态和理解力。

2. 开展区域文化主题教学

为了深入挖掘和传承我国丰富多彩的地方文化，可以开展区域文化主题教学，将全国划分为不同的文化区域，如杏花春雨江南、长城古道北国、骏马秋风塞上、巴山蜀水岭南等，通过专题讲座、文化研究等形式，深入探讨各个区域文化的特点、历史底蕴等，引导学生加深对地方文化的认识和理解。

在杏花春雨江南的文化主题教学中，可以重点探讨江南水乡的独特风情和悠久历史，介绍江南园林的建筑特色、江南人的生活习俗等。通过欣赏江南古典诗词、名画等文化精品，让学生感受到江南文化的魅力和内涵。

而在长城古道北国的文化主题教学中，可以着重介绍长城的历史渊源和文化意义，探讨北方民俗风情、草原文化等。通过学习北方地区的民歌舞蹈、传统节日习俗等，帮助学生了解北方地区的文化传统和特色。

在骏马秋风塞上的文化主题教学中，可以深入探讨西北地区的丝绸之路文化、草原文化等，介绍西北地区的历史名人、文化遗产等。通过学习西北地区的民歌、舞蹈、传统手工艺等，激发学生对西北地区文化的兴趣和热爱。

而在巴山蜀水岭南的文化主题教学中，可以重点介绍川渝地区的巴蜀文化、岭南文化等，探讨川菜、川剧、四川竹编等地方特色文化。通过学习川剧、川菜制作等实践活动，让学生亲身体验川渝地区的文化魅力和风情。

3. 提升语文教师的文化敏感性

提升语文教师的文化敏感性是促进地方文化与语文教学融合的关键，也是实现学生全面发展的重要途径。语文教师作为学生的引导者和文化传承者，需要具备深刻的中国传统文化理解和敏感性，以便将这些文化元素融入课堂教学中，激发学生对地方文化的兴趣和好奇心，从而提升他们的文化素养和民族自豪感。

一是，语文教师应该深入研究中华优秀传统文化，包括诗词、文章、传统节日、神话传说等。通过对经典文学作品和传统文化的深入解读和研究，教师能够更好地理解中国传统文化的内涵和精髓，为将其融入语文课堂教学中奠定基础。

二是，语文教师需要将中国传统文化中具有代表性和典型性的区域文化元素引入到课堂教学中。这包括不同地域的文化特色、历史传统、民间故事等。通过生动的课堂教学，教师可以向学生介绍各地区的文化风情，让他们深入了解和体验不同地域文化的魅力。

例如，在学习诗词时，教师可以选择具有代表性的地方诗人或诗作，向学生介绍他们的生平和创作背景，引发学生对地方文化的兴趣和好奇心。在学习神话传说时，教师可以选择不同地域的神话故事，让学生了解各地区的文化传统和民间信仰，拓宽他们的视野和思维。

三是，语文教师应该通过多种形式和途径，如课堂讲解、小组讨论、实地考察等，将地方文化元素融入语文课程中。通过生动的教学内容和丰富的教学活动，教师可以激发学生的学习兴趣，提升他们的文化素养和民族自豪感，实现语文教育与地方文化的有机结合。

（四）与专业教育相结合

高职教育的特点在于以就业为导向，强调培养学生的专业技能，因此，与专业教育的结合是非常重要的。大学语文作为一门基础课程，在高职教育中也应该与专业教育相结合，以提升学生的综合素养和职业能力。

1. 融入专业素养教育的教学内容

（1）讲授课文加强职业道德教育

语文教师可以通过讲解课文，引导学生树立职业道德修养。例如，教师可以以职场中的案例或名人事迹为例，讲述忠诚、守信、责任感、敬业精神等职业素养的重要性，使学生意识到这些素养对于他们未来职业发展的重要性。

（2）引入专业背景进行教学

在教学中，语文教师可以引入与学生专业相关的背景知识，使课堂更加生动有趣。例如，如果学生学习的是艺术设计专业，教师可以选择涉及艺术设计领域的文学作品进行讲解，帮助学生更好地理解专业知识。

2. 融入专业教育的语文作业设计

（1）设计专业类作业提升学生学习积极性

在语文课程的作业设计中，可以融入与学生专业相关的内容，以提升他们的学习兴趣和积极性。例如，要求艺术设计专业的学生在学习文学作品后，创作与之相关的艺术作品，如插画、手绘等，以此展现他们对文学作品的理解和表达能力。

（2）促进语文作业与专业教育的融合

学生的语文作业可以与专业教育紧密结合，既考察了他们对语文知识的理解，又培养了他们的专业技能。例如，学生可以通过学习诗歌作品，创作与之相关的艺术品，如书法、绘画等，既提升了他们的文学修养，又展现了其专业技能。

（3）促进学生语文作业与专业教育的融合

提供实践机会加深学生理解：为了促进学生语文作业与专业教育的融合，可以为学生提供实践机会。例如，学生可以参与艺术展览或比赛，将自己的语文作品与专业作品结合展示，以此加深对文学作品和专业知识的理解。

（4）组织跨学科交流活动

为了加强学生语文作业与专业教育的融合，可以组织跨学科交流活动。例如，邀请相关专业的教师或学生进行交流分享，促进不同学科之间的交流与合作，拓宽学生的视野和思维方式。

（五）与社会实践相结合

高职教育的核心任务之一是培养具有实践能力和创新意识的技术技能人才。然而，仅仅依靠传统的课堂教学是远远不够的，需要通过与社会实践相结合来拓宽学生的视野、增强他们的实践能力，从而更好地适应社会的需求和挑战。

1.打破课堂界限，拓宽课堂外延

高职教育在培养学生的专业技能方面具有重要意义，然而，传统的课堂教学模式往往无法满足学生的需求，因此，摒弃单一的课堂教学模式，打破课堂的界限，拓宽课堂的外延，成为当前高职教育改革的重要方向之一。在这个过程中，语文教学作为一门基础课程，应该与社会实践相结合，以促进学生的综合素养和职业能力的提升。

社会实践活动为学生提供了将所学知识与实际生活相联系的机会。通过参与社会实践活动，学生可以将课堂所学的理论知识转化为实践能力，并在实践中不断探索、实践和创新。例如，学生可以参与社会调研、实地考察、社会服务等活动，通过实践了解社会现实、掌握社会技能，提高解决问题的能力和应对挑战的能力。

语文教学应该引导学生将所学知识应用到实践中去。在语文课堂上，教师可以通过讲解文学作品、文化现象等方式，引导学生思考和探索与社会实践相关的问题，激发他们的实践能力和创新意识。例如，教师可以选择与社会现实密切相关的文学作品进行解读，让学生通过文学作品了解社会现实，通过文学赏析感受人生百态，从而启发学生的思维，培养其批判性思维和创新意识。

此外，语文教学还应该注重培养学生的动手能力。在课堂教学中，可以通过设计实践性的任务和项目，激发学生的兴趣，提高他们的动手能力。例如，教师可以组织学生进行课外读书活动，要求学生选择一本与社会实践相关的图书进行阅读，并完成阅读报告或心得体会，从而促进学生的阅读能力和实践能力的提升。

2.构建"不下课"的语文课堂

在高职教育中，语文教育常常受到批评，被认为是"呆板"和"与时代脱节"。

因此，为了提升语文教育的质量和吸引学生的兴趣，构建一种"不下课"的语文课堂显得非常必要。在这样的课堂中，教师需要积极关心校园文化活动，并与学生一起开展各种形式的文化活动，例如朗诵比赛、诗文写作比赛、艺术作品赏析等。

第一，通过开展朗诵比赛等活动，可以为学生提供展示自我才华的舞台，激发他们对语文学习的兴趣和热情。朗诵比赛不仅可以锻炼学生的口才表达能力和情感表达能力，还可以增强他们对文学作品的理解和欣赏能力。此外，比赛的氛围也能够促进同学之间的交流和合作，培养团队意识和集体荣誉感。

第二，举办诗文写作比赛可以激发学生的创作潜能，培养他们的文学素养和写作能力。通过参与比赛，学生可以锻炼自己的思维逻辑和表达能力，培养文字表达的技巧，提升写作水平。同时，比赛的评选过程也是一个学习和交流的过程，学生可以通过欣赏他人的作品，吸收他人的优点，提高自己的文学修养。

第三，开展艺术作品赏析活动也是构建"不下课"的语文课堂的重要组成部分。通过赏析名家绘画、音乐、电影等艺术作品，学生可以提升审美情趣，增强对艺术的理解和欣赏能力。教师可以引导学生从艺术作品中感受人生、感悟情感，培养他们对美的追求和对生活的热爱。

3. 开展阅读活动，引导学生积极阅读

除了校园文化活动，语文教师还可以与学校图书馆、学生社团等合作，开展各类阅读活动，以引导学生积极参与阅读，并提升他们的阅读能力和文学修养。这些活动不仅可以丰富学生的课外生活，还能够促进他们的综合素养的提升。

一是，通过举办读书分享会，可以为学生提供一个交流学习的平台。在读书分享会上，学生可以分享自己喜爱的书籍，分享阅读心得和感受，与同学们一起探讨作品中的人物形象、情节发展等内容，从而提升彼此的阅读理解和交流能力。此外，学生还可以从他人的分享中获得新的阅读建议，拓宽自己的阅读兴趣和视野。

二是，举办书评比赛是另一个激发学生阅读兴趣的好方式。通过书评比赛，可以让学生在阅读的过程中思考、分析、评价作品，培养他们的批判性思维和文学鉴赏能力。教师可以指导学生如何撰写有深度和见解的书评，从而提高他们的文学素养和写作水平。此外，比赛评选的过程也能够激发学生的竞争意识和求知欲，促进他们对阅读的积极参与。

在课堂外指导学生阅读方法也是非常重要的。语文教师可以向学生介绍不同类型的阅读方法，如略读、精读、批判性阅读等，指导他们如何高效地阅读和理解文学作品。同时，教师还可以定期推荐一些优秀的文学作品给学生，鼓励他们自主选择并阅读，从而培养他们独立思考和自主学习的能力。通过这样的指导和推荐，学生将更加主动地参与到阅读中，形成良好的阅读习惯和品位。

二、高职语文教学面临的挑战

高职语文教学面临一些挑战，如：

（一）教育资源不足

高职院校通常面临有限的教育资源，包括师资、设施和研究资金。与一流大学相比，高职院校在这些方面的投入相对较少。这可能会影响到教育质量和学生的学习体验。例如，师资力量可能相对薄弱，导致教学质量不稳定。此外，缺乏现代化的教学设施和资源可能限制了实际应用性教育的开展，特别是在数字媒体写作和在线传播技能方面。

1. 师资力量相对薄弱

高职院校的师资力量通常相对有限，这主要是因为在职业教育领域，有时难以吸引和留住具备高水平教育背景和实践经验的教师。这可能导致教学质量的不稳定性，影响学生的学术水平和实际应用能力的培养。

2. 教学设施和资源匮乏

许多高职院校面临现代化教学设施和资源的短缺。特别是在数字媒体写作和在线传播技能这些需要现代化设备和软件支持的领域，教育资源不足可能限制了学生在这些方面的学习和实践机会。这也可能导致学生在职业市场上的竞争力不足，因为他们未能获得必要的技能和经验。

3. 研究资金有限

相对于大学部分，高职院校的科研经费和研究机会有限。这可能影响到高职院校的教师在相关领域的研究活动，也可能限制学生参与科研项目的机会。缺乏研究支持可能导致教育内容滞后于行业发展，影响学生的实际应用能力培养。

（二）教学质量标准化难题

高职院校的多样性和分散性使得制定统一的教学质量标准变得具有挑战性。不同学校可能拥有不同的教育理念和教学方法，导致学生在就业市场上的认可度不一。这也可能使一些学校难以获得资金支持和资源投入，从而进一步加大了不平衡性。

1. 学校多样性和分散性

高职院校的多样性和分散性是标准化难题的根本原因之一。不同学校可能拥有各自不同的特点、定位和教育理念，这导致了教学目标和方法的差异。一些高职院校可能更注重职业实践和实际应用，而另一些则更注重理论知识的传授。这种差异性使得制定统一的教学质量标准变得复杂，因为不同学校的特点需要得到尊重和考虑。

2. 认可度不一

由于高职院校之间的差异性，学生在就业市场上的认可度可能存在不一致。一些雇主可能更倾向于毕业自特定学校的学生，因为他们相信这些学校的教育质量更高。这可能对其他学校的学生造成不公平竞争的局面，即使他们在教育方面表现出色，也可能受到认可度不高的学校背景的限制。

3. 资金和资源分配不均

一些高职院校由于认可度较低，可能难以获得足够的资金支持和资源投入。这可能导致这些学校无法提供具有竞争力的教育质量，从而加大了不平衡性。标准化的教育质量要求需要统一的资源和投入，但由于资源分配不均，一些学校可能难以达到这一标准。

4. 适应不同行业需求

高职院校涵盖了多个职业领域，从工程技术到医疗保健。每个行业对语文教育的需求可能不同，包括专业术语、沟通方式和写作风格等。标准化的教学质量要求需要考虑到不同行业的差异性，这增加了难度。

（三）应对职业多样性

高职院校覆盖了多个职业领域，从工程技术到医疗保健，每个领域都有不同的语言需求和沟通方式。这意味着高职语文教育需要灵活地应对这些职业多样性。课程内容和教学方法需要根据不同领域的要求进行调整和定制。这可能需要更多的资源和专业知识，以确保学生在毕业后具备特定领域的职业胜任力。

1. 需要个性化的课程设置

不同职业领域的语言需求和沟通方式差异巨大，因此需要个性化的课程设置。例如，在医疗保健领域，学生可能需要学习医学术语和病历报告的书写，而在工程技术领域，学生可能更需要学习技术手册的编写和解读。因此，高职院校需要制定不同领域的专业课程，以满足学生的特定需求。

2. 培养跨领域能力

尽管不同领域存在差异，但也有一些共通的语言和沟通技能，如写作、口才和跨文化沟通。高职院校可以培养学生的跨领域能力，使他们能够适应不同职业领域的语言和沟通要求。这包括培养学生的学习能力，使他们能够快速适应新的语言环境和工作场景。

3. 教师跨领域培训

教师在不同领域的专业知识和教育方法上可能存在差异。因此，高职院校需要为教师提供跨领域培训，使他们能够更好地理解和满足不同领域的教育需求。这可以通过教师培训计划、跨领域合作和资源共享来实现。

4. 跨领域合作

不同领域的合作可以丰富教育资源。高职院校可以建立跨领域的合作项目，使学生有机会接触和学习其他领域的知识和技能。这种合作有助于培养学生的综合素质和跨领域能力，提高他们在职业市场上的竞争力。

（四）技术变革的影响

技术的快速变革是当今社会面临的一个重要挑战，也直接影响了高职语文教育。随着信息技术和数字媒体的飞速发展，职场和社会交往的方式发生了根本性的变化。这对高职生的语文素养提出了新的要求，要求他们不仅具备传统的语言能力，还需要掌握在线传播技能、数字媒体写作和多媒体表达能力。

这一挑战的背后，有以下关键问题需要深入分析：

1. 在线传播技能的需求

随着社交媒体、电子邮件和即时通信工具的广泛应用，职业领域对高职生具备良好的在线传播技能提出了更高要求。他们需要能够有效地使用这些工具进行沟通和合作，同时保持专业和文明的语言表达。

2. 数字媒体写作的重要性

随着数字媒体的兴起，内容创作和传播变得更加多样化和复杂化。高职生需要具备数字媒体写作的能力，包括博客、社交媒体帖文、视频脚本等的撰写。他们还需要了解数字媒体的特点，以更好地适应不同平台的需求。

3. 多媒体表达技能

在现代职业环境中，图像、音频和视频等多媒体形式的表达越来越重要。高职生需要掌握多媒体制作技能，以便能够有效地使用这些媒体来传达信息和观点。这要求语文教育更加多元化，不仅包括文字表达，还包括多媒体表达。

（五）跨文化挑战

全球化背景下，跨文化沟通变得至关重要。高职语文教育需要培养学生的跨文化意识和能力，以便他们在国际化的职场中成功。这需要更多的跨文化课程和实践机会，以帮助学生理解和尊重不同文化背景的人，并有效地与他们合作。

1. 跨文化挑战对高职语文教育的影响

第一，全球化和跨文化挑战。在全球化的时代背景下，跨文化沟通已成为现代职场不可或缺的技能。企业和组织在国际舞台上进行业务，员工来自不同国家和文化背景的多样性团队已经成为常态。因此，高职语文教育需要更加注重培养学生的跨文化意识和能力，以确保他们能够在跨文化环境中成功。

第二，跨文化课程的需求。跨文化课程的重要性愈发凸显。这些课程应该包括文化比较、国际商务沟通、跨文化管理等方面的内容，以帮助学生理解不同文化的价值观、信仰、社会习惯和沟通风格。通过这些课程，学生可以培养敏感度，了解如何与不同文化背景的人建立有效的关系。

第三，实践机会和国际交流。跨文化教育还需要提供实践机会和国际交流项目。学生参与国际实习、交换项目或跨文化团队合作可以提供宝贵的经验，使他们更深入地了解其他文化。这些经历还可以培养学生的跨文化沟通技能，帮助他们在全球职场中脱颖而出。

2. 跨文化挑战的复杂性

第一，文化差异的挑战。跨文化挑战的一个关键方面是文化差异。不同文化之间存在着语言、价值观、信仰、礼仪等多方面的差异，这可能导致误解、冲突和沟通障碍。高职生需要学会适应不同文化的工作方式，同时也需要尊重和理解其他文化。

第二，跨文化沟通的复杂性。跨文化沟通是一项复杂的任务。不仅仅是语言，还包括非语言沟通、文化上下文的理解、有效解决文化冲突等方面。高职生需要学会识别并克服跨文化沟通中可能出现的问题，以建立有效的职业关系。

第三，文化敏感性的培养。文化敏感性是跨文化挑战中的关键要素。学生需要培养文化敏感性，包括尊重他人的文化、避免刻板印象和刻板化思维，以及灵活应对不同文化背景的人。这需要更多的培训和实践机会，以帮助学生培养跨文化意识。

第二节　运用现代教育技术的高效教学方法

一、现代教育技术的应用必要性

对教育教学工作的组织与实践而言，现代教育技术作为课堂设计以及教学组织的必要技术手段，既利用了现代互联网技术快速发展所产生的多种技术，也通过现代信息技术与教育的融合形成新型的教学方法。

（一）现代教育技术的应用在教育教学工作中的必要性

1. 提升教学效率与质量

现代教育技术的应用在提升教学效率与质量方面发挥着重要作用。通过多媒体技术的生动呈现，教学内容更具直观性与形象化，这对于提高学生的学习兴趣和加深他们对知识的理解至关重要。多媒体技术涵盖了影像、视频、声音、动画、图片等形式，能够为学生创造丰富多彩的学习体验，使得教学内容更加生动有趣，从而有效提升了语文课堂的教学质量。

在传统的语文课堂中，教师主要通过口头讲解和书本文字展示来传达知识，这种单一的教学方式往往难以激发学生的学习兴趣，也有可能导致学生对知识的理解不够深入。然而，现代教育技术的应用改变了这种局面。例如，教师可以通过播放视频、展示图片、播放音频等方式，将抽象的知识内容变得形象具体，让学生能够更直观地理解课程内容。这样的教学方式不仅使得学生更容易接受和理解知识，还能够激发他们的好奇心和求知欲，从而提高了他们的学习兴趣和主动性。

此外，多媒体技术还可以提供更多的教学资源和案例，丰富了课堂内容，增加了学习的广度和深度。教师可以利用互联网资源、教学软件等渠道，获取到丰富多样的教学材料，为学生提供更具实践性和应用性的学习内容。通过展示实际案例和生活中的场景，学生可以更加直观地理解知识的实际应用，从而增强了他们对知识的记忆和理解能力。这样的教学方式不仅提高了学生的学习效率，还培养了他们的实践能力和创新思维。

2. 促进个性化学习

现代教育技术的应用不仅提高了教学效率和质量，还可以促进个性化学习，满足不同学生的学习需求，从而实现更加有效的教学。通过多媒体技术，教师可以根据学生的个性和水平设计个性化的学习内容和教学方法，以更好地满足他们的学习需求。

个性化学习是指根据学生的兴趣、能力、学习风格等个体差异，为每个学生提供定制化的学习路径和教学资源。在传统的教学模式下，由于教师资源有限和课堂时间有限，往往难以满足每个学生的个性化需求。然而，通过现代教育技术的应用，可以实现个性化教学的可能性。

一是，多媒体技术可以提供丰富多样的学习资源，包括文字、图片、视频、音频等形式。教师可以根据学生的学习需求和兴趣，选择合适的学习资源进行教学。例如，对于喜欢视觉学习的学生，可以通过展示图片和视频来呈现教学内容；对于喜欢听觉学习的学生，可以通过播放音频来进行教学。这样一来，学生可以根据自己的学习偏好选择适合自己的学习方式，提高学习效率。

二是，多媒体技术还可以提供个性化的学习评估和反馈。通过在线测评和智能学习系统，可以实时跟踪学生的学习进度和掌握程度，为教师和学生提供个性化的学习建议和反馈。这样一来，教师可以根据学生的学习表现调整教学策略，及时给予学生指导和帮助，促进他们的学习进步。

现代教育技术还可以支持个性化的学习管理和组织。通过学习管理系统和个性化学习平台，可以为每个学生量身定制学习计划和课程安排，根据他们的学习进度和需求进行灵活调整。这样一来，学生可以在自己的节奏下学习，更好地掌握知识，提高学习效率。

3. 拓展学习空间与资源

现代教育技术的应用在拓展学习空间与资源方面发挥着重要作用，为教学提供了更广阔的发展空间，丰富了教学内容，提升了学生的学习体验。

一是，通过网络资源和在线课程，教师可以获取丰富多样的教学资源。互联网技术的发展使得教育资源不再受限于传统的纸质教材和实体图书馆，而是可以通过网络获取到来自世界各地的优质教学资源。教师可以利用各种在线学习平台、教育网站和数字化图书馆等，获取与课程内容相关的电子书籍、学术论文、教学视频等资源，从而丰富教学内容，使学生能够接触到更加广泛和深入的知识。

二是，现代教育技术的应用可以突破传统课堂的时空限制，打破地域限制，实现异地教学和远程教育。通过在线课程和远程授课平台，教师可以在不同的地点进行教学，学生可以在任何时间、任何地点通过互联网接受教育。这样的教学模式不仅为学生提供了更加灵活的学习机会，也为教师提供了更广阔的教学空间，促进了教学资源的共享和交流。

现代教育技术还可以提供个性化学习的支持，根据学生的学习需求和兴趣进行差异化教学。通过智能学习系统和个性化学习平台，教师可以为每个学生量身定制学习计划和教学内容，根据他们的学习进度和水平进行个性化指导和辅导，从而提高了教学的针对性和有效性。

（二）多媒体技术在高职语文教学中的应用

1.生动呈现知识内容

在高职语文教学中，多媒体技术的应用为生动呈现知识内容提供了强大支持。通过图文并茂、声音视频等形式，多媒体技术能够将抽象的语文知识转化为具体形象，从而使学生更容易理解和记忆。这种生动呈现的方式不仅激发了学生的学习兴趣，还提升了教学效果和学习体验。

首先，多媒体技术可以通过图文并茂的形式呈现知识内容。在语文教学中，通过使用图片、图表、表格等视觉化元素，教师可以将抽象的概念和知识具体化，使学生能够直观地理解和感知。例如，在教学古诗词时，通过展示相关的图片或图表，如古代文人的生活场景、历史背景等，可以帮助学生更好地理解诗词背后的文化内涵，从而提高他们的学习效果。

其次，多媒体技术可以通过声音和视频的形式生动呈现知识内容。通过播放相关的音频和视频资料，如古代诗词的朗诵录音、历史文化背景的视频介绍等，可以使学生身临其境地感受到诗词的意境和历史文化的氛围，从而更深入地理解和体验课文内容。这种形象直观的展示方式不仅增加了学习的趣味性，还能够激发学生的情感共鸣和审美情感，提升其对诗词文学的理解和欣赏能力。

2.增加互动与参与

多媒体技术的应用不仅可以生动呈现知识内容，还能够增加课堂的互动性与参与度。通过设计各种交互式的学习活动，教师可以激发学生的积极参与，促进他们与知识内容的互动，从而提高学习效果。

一是，利用多媒体技术进行知识竞赛是一种有效的互动方式。教师可以设计有趣的竞赛题目，包括选择题、填空题、问答题等，结合多媒体技术展示相关的图片、视频等素材，让学生在比赛中积极参与，竞相回答问题。这种形式不仅能够激发学生的竞争意识和求知欲，还能够加深他们对知识内容的理解和记忆。

二是，多媒体技术可以用于促进小组讨论和合作学习。教师可以设计一些小组任务，要求学生在小组内共同探讨、分析、解决问题，并通过多媒体技术展示各组的成果和讨论过程。这种形式可以激发学生的团队合作精神，培养他们的沟通能力和解决问题的能力，同时也增加了课堂的参与度和趣味性。

利用多媒体技术进行实时投票和反馈也是一种有效的互动方式。教师可以借助投票工具或在线平台，让学生对课堂问题或观点进行投票，及时了解学生的学习情况和态度，根据反馈结果调整教学内容和方式，提高教学的针对性和有效性。

3. 个性化学习支持

多媒体技术的应用不仅可以增加课堂的互动性与参与度，还可以提供个性化学习支持，满足学生不同的学习需求和水平，促进他们的个性化学习和自主发展。

一是，多媒体技术可以根据学生的学习水平和兴趣设置不同难度的学习模式。通过在多媒体课件中设置难度递进的知识点和练习题，以及针对不同能力水平的扩展内容，可以使学生根据自己的实际情况选择适合自己的学习路径，实现个性化学习。例如，对于学习能力较强的学生，可以提供更加深入和拓展的学习内容；而对于学习能力较弱的学生，则可以提供更加简化和易懂的学习材料，以满足他们的学习需求。

二是，多媒体技术可以通过个性化学习路径的设置，为学生提供个性化的学习体验。教师可以根据学生的学习情况和兴趣爱好，设计不同的学习路径和学习资源，使每个学生都能够根据自己的兴趣和需求进行学习，从而提高学习的积极性和效果。例如，对于对文学感兴趣的学生，可以设置专门的文学欣赏模块，包括名著解读、文学赏析等内容；而对于对语言技能更感兴趣的学生，则可以设置语言学习模块，包括语法讲解、词汇扩充等内容。这样的个性化学习路径可以更好地满足学生的学习需求，提高其学习的效果和满意度。

多媒体技术还可以通过学习分析和反馈机制，及时了解学生的学习情况，为其提供个性化的学习建议和指导。通过学习分析系统收集学生的学习数据，包括学习行为、学习进度、学习成绩等信息，教师可以对学生的学习情况进行全面分析，发现学生的学习问题和困难，并根据实际情况提供个性化的学习建议和指导，帮助学生解决学习难题，提高学习效果。

二、高职语文教学中信息技术的应用策略

针对当前高职语文教学中存在的不恰当的信息技术使用方法，高职教师既要不断地更新教学理念，也要掌握一定的课堂组织方法。而从具体的课堂教学实践

进行分析，其对现代教育技术的应用可以采用以下几种具体策略。

（一）转变教学模式

高职语文教师在运用信息化手段时，必须充分考虑语文学科的特点，这一学科与真实生活密切相关。因此，教师在教学实践中应重视从情境创设出发，构建语文学习与日常生活的联系，以使学生理解语文学科的学习价值，同时感受语文的魅力与特色。当前，对现代教育技术的应用已不局限于改变表面的课堂教学形式，而更注重形式与内容的统一。在利用网络技术时，教师应主动改变传统的单一展示课件的多媒体技术应用方式，通过微课、微视频、翻转课堂等不同模式完成课堂的知识讲解，培养高职学生的实践技能和自主学习能力。

在教学内容的现代化展示方面，不同的内容应采用差异化的展示形式。语文教师需根据教学内容的特点合理选择不同的教学模式，如微课、微视频等形象化的知识展示方式，以提升学生对文本意境与情境的理解。同时，教师应注重翻转课堂的教学模式，鼓励学生自主学习。在对语文教材进行分析后，教师可选择难度适中的文本进行翻转课堂教学，以激发学生的探究与分析能力。

为了保障现代信息技术的应用效果，教师应在课前、课中、课后采用不同的教学方式。课前可通过资料传递与任务布置明确学习目标；课中可通过小组讨论等形式营造轻松愉悦的教学氛围；课后可通过学生探究分析、互相交流深化对文本的认知。因为语文课堂的人文素养培养，教师在设计教学过程中要注重以教材为核心对文本内容进行拓宽，丰富学生的学习体验。

此外，教师可以利用现代教育技术整合网上与教材内容相关的教学资源，如电影、视频等，以丰富的形式展示教材内容，使学生对文本有更深入的了解。综上所述，通过对现代教育技术的有效应用，高职语文教学可以实现课堂教学模式的转变，提高教学效果，促进学生的全面发展。

（二）分享教学资源

在学校范围内组织的教学实践往往具有一定的局限性，因此为了充分提高高职语文教学质量，在对现代教育技术进行利用时要注重信息的共享，通过资源库的搭建，以优秀教学资源的互换与分享指导高职语文教师的课堂教学实践，并丰富语文教师的课堂教学内容。

1. 信息共享与资源库建设

在高职语文教学中，教师往往需要面对来自多方面的挑战，尤其是在组织教学实践方面。传统的课堂教学模式难以满足学生多样化的学习需求和提高教学质量的要求。因此，利用现代教育技术进行信息共享和资源库建设变得至关重要。资源库的建设不仅仅是教师间资源的共享，更是为学生提供获取优质教学资源的途径。

通过建立资源库，教师可以共享和交换优秀的教学资源，包括教案、课件、教学视频等，从而提高教学的效率和质量。这些资源不仅可以为教师提供丰富的教学参考和借鉴，还能够在一定程度上解决教学资源不足的问题。同时，资源库的建设也有助于促进教师间的交流与合作，共同探讨教学方法和教学策略，提高教学水平和专业素养。

除了教师之间的资源共享，资源库也应该为学生提供获取优质教学资源的途径。学生可以通过资源库获取与课程内容相关的学习资料、参考书目、网络链接等，从而拓宽学习视野，提高学习效果。这种资源共享不仅能够满足学生自主学习的需求，还能够培养学生的信息获取和处理能力，提升其综合素养和学术能力。

在互联网技术的便利下，现代教育技术使信息的传递不再受时间和空间的限制，为语文教学的资源共享提供了广泛的可能性。因此，教师应积极借助现代教育技术，建立起资源共享的网络平台，如在线教学平台、教育资源网站等，促进优质教学资源的广泛传播与利用。这样的举措不仅有助于提高教学质量，还能够为学生提供更丰富多样的学习资源，促进其全面发展和个性化学习。

2. 优质资源的筛选与整合

在进行教学资源的分享时，教师必须经过精心地筛选和整合，以确保所提供的资源质量高、系统性强。一是，教师需要以教学需求为导向，根据当前教学内容和学生的实际需求，选择与之相符合的优质教学资源进行分享。这意味着教师需要深入了解学生的学习水平、兴趣爱好以及学科特点，以便有针对性地选择适合的资源。

二是，教师应避免教学资源的零散性，而是要选择那些能够形成连贯性和完整性的教学资源进行整合。这包括教案、课件、视频、练习题等多种形式的资源，教师可以将它们有机地组合在一起，构建起一个完整的教学体系。通过整合资源，教师能够使学生更好地理解和掌握所学知识，提高学习效果。

教师还应根据主题设计学习任务，引导学生积极参与资料的收集与分析工作。这样的学习任务既能够培养学生的自主学习能力，又能够促进其资料整理和分析能力的提升。通过学生的主动参与，教师可以更好地激发学生的学习兴趣，提高其学习动力。

3. 学生自主学习与资源利用

现代教育技术的应用不仅服务于教师的教学需求，也应着重关注学生的自主学习与资源利用。在教学中，教师可以通过引导学生积极利用网络资源进行学习，从而提升学生的自主学习能力和资源利用效率。学生在自主学习的背景下，教师也应相应地提高教学的针对性和有效性，以更好地满足学生个性化的学习需求。

为了促进学生更好地利用网络资源，教师需要在思想上对学生进行引导，使他们正确地认识和使用网络资源。这包括指导学生如何筛选和评估网络资源的质量、可靠性以及适用性，以及如何正确地引用和整合网络资源进行学习和研究。通过这种引导，学生可以更加有效地利用网络资源进行学习，提高学习效果和自主学习能力。

教师还可以通过布置学习任务和设立学习目标的方式，激发学生对网络资源的积极利用。通过明确的学习目标和任务，学生可以更加有针对性地搜索和利用网络资源，从而更好地完成学习任务并提升自身的语文素养。此外，教师还可以为学生提供一些学习技巧和方法，帮助他们更好地利用网络资源进行学习和研究。

在教学实践中，教师应构建以学生为主体的自主语文学习模式，鼓励学生积极参与到学习过程中来。这包括让学生自主选择学习内容、制订学习计划、并通过网络资源进行学习和交流等方式。通过这种自主学习模式，学生可以更加灵活地组织学习时间和空间，更好地发挥自己的学习潜能，提高学习效果和学习动机。

（三）创建学习氛围

在对信息技术加以利用的过程中，课堂所采用的教学策略与教学方式多种多样，而为了提高高职语文教学的生动性与灵活性，语文教师可以通过信息化的途径与措施进行课堂教学氛围的创设，以轻松愉悦的课堂学习环境使学生主动参与语文课堂教学。

1.学习氛围构建的信息化途径与措施

在现代高职语文教学中，构建具有良好学习氛围的任务非常重要，而信息化途径和措施则成为教师实现这一目标的关键。通过充分利用现代教育技术，教师能够为课堂创造出轻松愉悦的学习环境，从而吸引学生的注意力，激发他们更加积极地投入到语文学习中去。这种构建学习氛围的过程必须以学生为主体，意味着教师需要深入了解学生的学习兴趣、需求和特点，以确保所呈现的教学内容与学生的实际需求相契合。在信息化背景下，教师可以充分利用多媒体技术，如图片、视频、声音等形式，来呈现与学生相关的内容，通过丰富的教育技术手段，进一步激发学生的学习兴趣。

通过信息化途径和措施构建学习氛围的过程中，教师需关注以下几个方面。

首先，教师应当针对学生的不同学习特点和需求，选择合适的教学内容和技术手段。这意味着教师需要细致地观察和了解学生的学习喜好和学习方式，以便为他们打造出个性化的学习体验。其次，教师应当灵活运用多媒体技术，使课堂教学更加生动有趣。通过精心设计的教学内容和形式，教师可以增加学生的参与度，从而提高教学的效果。另外，教师还应当充分利用互联网和数字化资源，为学生提供更加丰富和多样化的学习体验。通过引导学生利用网络资源进行学习和研究，教师可以拓宽学生的视野，促进他们的综合素质发展。

在实践中，教师需要注重课堂教学的灵活性和多样性，灵活运用信息化手段，根据不同的教学内容和学生需求选择合适的教学方法和技术手段。同时，教师还应当注意与学生的良好互动，倾听他们的意见和建议，及时调整和优化教学方案，以确保课堂教学效果的最大化。

2. 多样化的课堂活动组织形式

为了打造一个充满活力和积极性的学习氛围，教师可以采用多样化的课堂活动组织形式。通过布置不同的任务和学习项目，教师能够激发学生的学习热情，引导他们积极参与课堂活动。这些任务和项目可以涵盖多种形式，如小组讨论、实践活动、研究报告等，以满足不同学生的学习需求和兴趣。

首先，教师可以通过布置任务来激发学生的学习兴趣和主动性。这些任务可以是针对课堂内容的思考题目，也可以是与课外阅读或研究相关的学习任务。通过让学生积极参与任务的完成过程，教师能够促进他们对知识的深入理解和应用。

其次，教师可以制订学习项目，让学生在实践中学习。这些项目可以是课外调查研究、文学作品创作、文化体验活动等。通过参与这些项目，学生不仅能够加深对课堂知识的理解，还能培养实践能力和创造力。

为了保障学生实践活动的质量，教师可以采取小组讨论、网络交流等方式，组织学生进行合作学习和共同探讨。在小组讨论中，学生可以相互交流思想，分享观点，从而促进彼此之间的学习和进步。通过网络交流，学生可以与同学和教师进行实时互动，及时解决问题，拓展思路。

这种多样化的课堂活动组织形式不仅能够激发学生的学习热情，还能提高他们的综合素质和学习能力。通过积极参与各种活动，学生能够更好地理解和应用所学知识，培养自主学习和合作精神，从而实现全面发展。

3. 以学生为核心的学习氛围构建

在高职语文教学中，学生是学习的核心，因此教师应以学生为中心，深入了解他们的学习兴趣和需求，创造积极向上的学习氛围。为了实现这一目标，教师需要不断创新教学模式和丰富课堂教学内容，以激发学生对语文学习的兴趣，鼓励他们更加积极地投入到课堂学习中。

在构建以学生为核心的学习氛围时，教师可以借助现代技术，如网络技术，来呈现多样化的学习资源和内容。通过利用网络技术，教师可以向学生展示丰富的学习资料、多媒体素材和互动课件，从而提供更加生动、直观的学习体验。这种多样化的学习资源不仅能够吸引学生的注意力，还能够激发他们的学习兴趣，促使他们更加热爱语文学习并愿意深入探究其中的知识和文化内涵。

此外，教师还可以通过设计富有趣味性和启发性的课堂活动，引导学生积极参与课堂学习。这些活动可以包括小组讨论、角色扮演、游戏竞赛等形式，旨在激发学生的思维和想象力，培养他们的合作精神和创新能力。通过这些活动，学生不仅能够在轻松愉快的氛围中学习，还能够与同学们互相交流、共同探讨，从而加深对语文知识的理解和应用。

这样以学生为核心的学习氛围构建不仅能够提高学生的学习效果，还能够培养他们的综合素养和学习能力。在这样的学习氛围中，学生不仅能够掌握语文知识，还能够培养批判性思维、创造性思维和团队合作能力，为他们未来的发展和成长打下坚实的基础。

第三节　基于任务驱动的语言教学模式

任务驱动的语言教学模式是一种以学生为主体、以任务为驱动的教学方法，旨在通过学生的参与、合作和实践，激发其学习兴趣和动机，促进语言能力的全面提升。在高职应用语文教学中，采用任务驱动的教学模式具有重要意义，可以提高学生对语文学习的积极性和主动性，使其更好地应对职场和生活中的语言应用需求。

一、小组学习，加强课堂讨论

（一）组建小组促进合作与交流

1. 分组策略

在任务驱动的语言教学模式中，小组的组建是促进学生合作与交流的关键因素之一。为了确保小组成员能够相互配合、互补优势，并共同完成任务，教师可以采用多元化的分组策略。以下是一些常见的分组策略：

（1）随机分组

教师根据学生的学号、生日等随机因素将学生分成小组。这种分组方式能够避免主观偏好，保证小组成员的多样性，促进不同能力水平、兴趣爱好和性格特点的学生之间的交流与合作。

（2）兴趣组合分组

教师根据学生的兴趣爱好将其分成小组。通过让具有相似兴趣爱好的学生组成小组，可以增强学生之间的共鸣和互动，提高学习的参与度和积极性。例如，对于喜爱文学的学生可以组成一个小组，对于对科技感兴趣的学生可以组成另一个小组。

（3）能力匹配分组

教师根据学生的学习能力将其分成小组。通过将学习能力较强的学生与学习能力一般的学生放在同一个小组，可以促进他们相互学习、共同进步，避免学习能力悬殊造成的差距扩大。同时，还可以在每个小组中设置一个学习能力较强的学生作为组长，带领其他组员共同完成任务。

（4）兼顾因素分组

教师综合考虑学生的不同因素，如学习能力、性格特点、学科特长等，进行灵活组合。通过综合考虑多种因素，可以确保每个小组成员能够相互补充、相互促进，共同完成任务，并且在合作中培养学生的团队意识和合作精神。

2.合作任务

设计多样化的小组合作任务对于激发学生的学习兴趣和合作意识至关重要。这些任务的多样性可以涵盖文本分析、问题解决、项目设计、角色扮演等不同形式，以确保学生在合作中能够充分发挥个人优势，共同完成任务，培养团队合作精神和沟通能力。

一是，文本分析任务可以通过让学生共同阅读和分析一篇文学作品、文章或新闻报道来实现。例如，将学生分成小组，每个小组负责分析一篇短文或一段文字，讨论其中的主题、观点、论据等内容，并就其内涵展开讨论。通过这种任务，学生不仅可以加深对文本内容的理解，还可以培养批判性思维和文本解读能力。

二是，问题解决任务可以设计为解决实际生活或职场中遇到的问题。例如，将学生分成小组，每个小组针对一个现实问题展开讨论和研究，并提出解决方案。这种任务旨在培养学生的问题解决能力和创新思维，让他们通过合作探讨，找到最佳的解决方案。

三是，项目设计任务可以要求学生共同规划和实施一个项目。例如，将学生组成小组，每个小组负责设计一个社会实践项目或学校活动，包括项目的目标、内容、实施计划等。通过这种任务，学生不仅可以锻炼项目管理能力和团队协作能力，还能够将课堂学习与实际应用相结合，增强学习的实用性和可操作性。

四是，角色扮演任务可以让学生扮演特定角色，模拟真实情景中的对话和互动。例如，将学生分成不同的角色，如商家和顾客、医生和病人等，进行角色扮演，模拟各种情景下的交流和沟通。这种任务有助于学生提高语言表达能力和交际能力，培养他们在实际生活中的应对能力。

3. 建设氛围

教师在任务驱动的语言教学模式中扮演着关键角色，他们的作用不仅是传授知识，更包括营造良好的小组学习氛围，以激发学生的学习兴趣和合作意识。为了建设良好的氛围，教师可以采取一系列措施来引导学生彼此信任、尊重和支持。

一是，定期组织小组建设活动是培养合作氛围的有效途径之一。这些活动可以包括团队合作游戏、集体讨论、团队拓展训练等，旨在增进学生之间的相互了解和信任。通过这些活动，学生可以更好地融入团队，建立起友好的合作关系。

二是，制订小组规则是营造良好氛围的关键步骤之一。这些规则可以涵盖小组成员之间的相互尊重、合作协作、共同责任等方面。教师可以与学生一起商讨制订规则，让他们参与其中，增强规则的执行力和认同感。

三是，设立奖惩机制也是建设氛围的重要手段之一。通过奖励表现优异的小组成员，鼓励他们继续努力并树立榜样；同时，对于违反规则或影响团队氛围的行为，可以适当进行惩罚，以维护团队的秩序和凝聚力。

四是，教师还应该充分发挥自身的示范作用，树立良好的榜样，引导学生树立正确的价值观和行为准则。通过言传身教，教师可以激发学生的学习热情和合作意识，营造出积极向上的学习氛围。

（二）引导课堂讨论提升思维活跃度

1. 导向的讨论

教师应该提出开放性、启发性的问题，引导学生展开深入的思考和讨论。这些问题可以涉及课文内容、实际生活、社会热点等多个领域，激发学生的思维活跃度和创造力，引发他们对问题的探索和思考。通过精心设计的问题，教师可以引导学生深入思考，并在讨论中逐步引导他们发现问题的本质，培养批判性思维和创新能力。

2. 多角度交流

在课堂讨论中，教师应该鼓励学生提出不同的观点和见解，促进多角度的交流和思维碰撞。通过与同学的讨论、辩论，学生能够更加全面地理解问题，并培养批判性思维和逻辑推理能力。教师可以引导学生从不同的角度思考问题，鼓励他们彼此交流和互相启发，从而促进思维的深度和广度。

3. 参与热情

教师应该给予积极参与讨论的学生及时的肯定和鼓励，激发其参与讨论的热情。同时，对于不太活跃的学生，可以采取提问、点名等方式引导其参与讨论，帮助他们逐渐克服困难，融入讨论中来。教师还可以设立一些小组讨论或个人表现奖励机制，激发学生的参与热情和主动性，营造积极向上的学习氛围。

二、创设情境，确定问题

（一）营造真实生活场景

在高职语文教学中，营造真实生活场景是提高学生语言应用能力和交际能力的重要手段之一。其中，情景模拟和角色扮演是两种常用的教学方法，它们可以有效地让学生融入真实的语言环境中，进行实际的语言交流和应用。

1. 情景模拟

（1）情景模拟的意义和目的

情景模拟是一种通过模拟真实情境的方式，让学生在虚拟的环境中进行语言运用和交际。在高职语文教学中，情景模拟旨在让学生在模拟的情境中感受语言的真实运用场景，提高他们的语言交际能力和应对实际工作需求的能力。

（2）情景模拟的实施方法

教师可以选择与课程内容相关的真实生活情境，如商务会议、工作面试、客户服务等，利用多媒体技术或角色扮演等方式进行情景模拟。通过模拟真实情境，教师可以引导学生进行实际的语言交流和应用，培养他们的语言表达能力和沟通能力。

2. 角色扮演

（1）角色扮演的意义和目的

角色扮演是一种通过扮演不同角色进行对话的方式，让学生在模拟的情境中感受语言的应用。在高职语文教学中，角色扮演可以帮助学生更好地理解和运用所学的语言知识，提高他们的口语表达能力和交际能力。

（2）角色扮演的实施方法

教师可以设计不同的情境和角色，如商务谈判、工作面试、日常生活对话等，让学生扮演相应的角色进行对话和交流。通过角色扮演，学生可以在模拟的情境中进行实际的语言运用，锻炼他们的口语表达能力和应对实际情境的能力。

（二）选取具有挑战性的任务

在高职语文教学中，选取具有挑战性的任务是为了激发学生的学习兴趣和动力，培养他们解决问题的能力和创新意识。以下是两种常见的具有挑战性的任务：

1. 实际问题解决

（1）意义和目的

选取实际问题解决任务的目的在于让学生能够将所学的语言知识应用于解决现实生活中的问题，培养他们的实践能力和创新思维。

（2）实施方法

教师可以选择与学生实际生活密切相关的问题，如环境保护、社会公益等，要求学生展开讨论并提出解决方案。例如，在写作教学中，可以提出一个社会热点问题，要求学生以小组形式展开讨论，分析问题的原因和影响，并提出自己的见解和解决方案。通过这种任务，学生不仅可以提高语言表达能力，还能培养批判性思维和解决问题的能力。

2. 创新项目设计

（1）意义和目的

创新项目设计是为了培养学生的创新意识和团队合作精神，让他们通过合作设计和实施创新项目，解决实际挑战。

（2）实施方法

教师可以设计一些创新项目，要求学生团队合作，从问题定义、方案设计到实施执行，全程参与并解决实际挑战。例如，可以要求学生设计一个创新的社会服务项目，要求他们团队合作，从项目定义、目标确定、资源筹备到实施执行，全程参与并解决实际挑战。通过这种任务，学生可以锻炼自己的创新能力和团队合作能力，提高实际问题解决的能力。

三、对学生的学习成果进行及时评价

（一）关注学习过程与能力提升

在任务驱动的语言教学模式中，关注学习过程与能力提升是教师评价学生学习的重要方面。（见图 3-1）

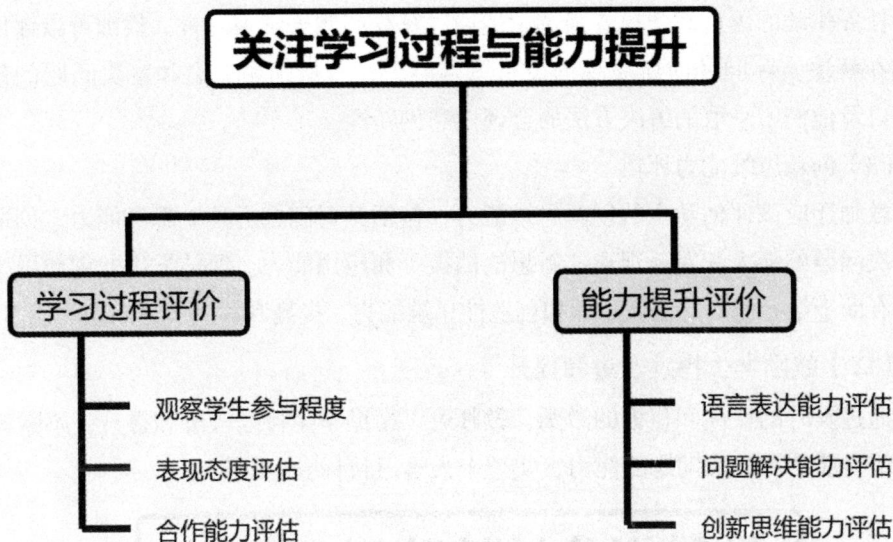

图 3-1 关注学习过程与能力提升架构图

1. 学习过程评价

（1）观察学生参与程度

教师可以通过观察学生在课堂上的主动参与程度来评价其学习过程。主动参与的学生通常表现为积极提问、讨论和分享观点，展示出对学习的积极态度和求知欲望。

（2）表现态度评估

学生的学习态度直接影响其学习过程和效果。教师可以评估学生的学习态度，包括是否认真听讲、课堂笔记是否完整、是否按时完成作业等方面。这些方面可以反映学生对学习的重视程度和自我管理能力。

（3）合作能力评估

在小组学习和合作任务中，教师可以评估学生的合作能力。这包括学生在小组讨论中是否能有效地与他人合作、协调分工、解决分歧等能力。合作能力的评估可以帮助教师了解学生在团队中的表现，并指导他们改进合作方式。

2.能力提升评价

（1）语言表达能力评估

任务驱动的语言教学模式注重提高学生的语言能力。教师可以评估学生在口头和书面表达中的准确性、流畅性和表达能力，从而判断其语言表达能力的提升情况。

（2）问题解决能力评估

任务驱动的语言教学模式强调学生通过解决问题来学习语言。教师可以评估学生在解决实际问题时所展现的逻辑思维能力、分析问题能力和解决问题的效率，以及他们所采取的解决方法的合理性和创新性。

（3）创新思维能力评估

教师还应该评估学生的创新思维能力，包括其对问题的独立思考能力、创造性解决问题的能力和对新观点、新想法的接受和应用能力。评估学生的创新思维能力有助于培养他们的创新意识和创造性思维能力，提高其解决实际问题的能力。

（二）鼓励学生持续改进和提升

通过及时的反馈和积极的激励，教师可以帮助学生持续改进和提升，不断提高其语言能力和解决问题的能力，实现个人学习目标。（见图3-2）

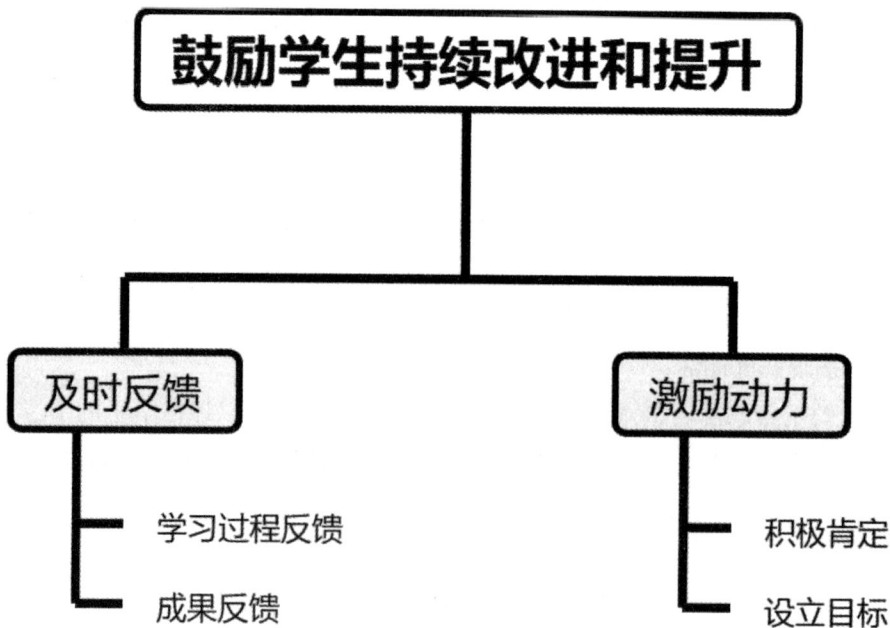

图3-2 鼓励学生持续改进和提升架构图

1. 及时反馈

（1）学习过程反馈

教师应当及时对学生的学习过程进行反馈，包括参与情况、表现态度以及合作能力等方面。针对学生在课堂上的表现，教师可以提出具体的建议和改进建议，指导学生如何更好地参与课堂活动、加强学习态度，以及改善合作效率。例如，对于不够积极参与讨论的学生，教师可以鼓励其多发表观点、提出问题，积极参与讨论，以提高其课堂参与度。

（2）成果反馈

除了学习过程，教师还应对学生的学习成果进行及时反馈。针对学生完成的任务、作业或项目，教师可以指出其中的优点和不足之处，并提供具体的改进建议。这种反馈有助于学生及时发现和纠正错误，进一步提升自己的语言能力和解决问题的能力。例如，对于写作作业，教师可以指出学生的语法错误、逻辑不清等问题，并提供针对性的修改意见，帮助学生提高写作水平。

2. 激励动力

（1）积极肯定

教师在给予学生反馈的同时，应当充分肯定他们的努力和进步。无论是学习过程中的积极表现还是学习成果的取得，教师都应该及时给予积极的评价和肯定，鼓励学生继续努力。积极的肯定可以激发学生的学习动力和自信心，促使他们更加积极地投入到学习中去。

（2）设立目标

教师可以帮助学生设立明确的学习目标，并为其制订相应的学习计划和提升方案。通过设立目标，学生可以更清晰地了解自己的学习方向和努力方向，进而更有动力地去改进和提升。同时，教师还可以为学生提供学习资源和指导，帮助他们实现目标，从而增强学生的学习动力和自我驱动力。

四、典型案例分析

在大学语文课堂中，典型案例分析是一种重要的教学方法，可以帮助学生更深入地理解文学作品，并将其思想内涵与现实生活联系起来。以鲁迅的作品《伤逝》为例，通过典型案例分析，教师可以引导学生深入探讨青年人爱情婚姻的主题，促使他们反思和思考自身的人生观、爱情观。

（一）学生现状与教学设计理念

大学语文教学的目标是培养学生的人文素养和综合素质，而大一学生正处于思想成长和价值观塑造的关键阶段。针对大一学生的特点和现状，教学设计理念应充分考虑到他们的年龄特点、学习态度和阅读习惯。

《伤逝》作为鲁迅少有的涉及爱情婚姻题材的作品，正是符合大一学生年龄段的阅读兴趣和心理需求。然而，调查结果显示，大部分学生对鲁迅及其作品的认知停留在表面，存在对鲁迅作品难读懂、精神疏离等认知偏差。因此，针对这一现状，教学设计应该以激发学生的兴趣和提升阅读能力为核心目标，同时注重引导学生正确理解和感悟作品的内涵。

在教学实践中，智慧教室网络教学环境和信息化教学方式可以为教学提供便利和支持。采用任务驱动法，结合课前问卷调查和自学资源，课中创设情境、启发引导、分角色讨论、小组探究等丰富教学手段，有助于激发学生的学习兴趣和参与度。翻转课堂教学模式的运用可以使学生更好地准备课堂内容，提高课堂参与度和学习效果。

在教学内容设计上，通过对鲁迅生平、作品背景和主题的介绍，引导学生深入了解作品的历史背景和社会内涵。通过与现实生活的对比和联系，引发学生的思考和讨论，从而促进其对作品的深层理解。例如，将《伤逝》与电视剧《我的前半生》中的女主人公跨时代对比，可以引起学生的兴趣，探讨作品的时代性和人物形象的塑造。

（二）教学方法创新

1.教法

（1）任务驱动法

任务驱动法在大学语文教学中的应用，标志着对传统教学方法的一种颠覆和创新。相比于传统的教师为中心的授课模式，任务驱动法更加注重学生的主动参与和自主学习，以实现更高效的教学效果。

首先，通过课前下发任务学习清单，教师能够引导学生主动获取相关资料，培养其独立搜索和筛选信息的能力。这种任务驱动的方式使学生成为自己学习的主体，从而激发其学习的积极性和主动性。通过自主查找作家生平材料，了解人生轨迹与创作风格的联系，学生可以更深入地理解作品背后的文化背景和思想内涵，从而提升其对文学作品的理解和欣赏能力。

其次，要求学生观看百家讲坛或其他教学视频及慕课，是一种有效的辅助教学手段。通过多样化的学习资源，学生可以从不同的角度和视角去理解作品，拓展思维的广度和深度。同时，这也能够提升学生的信息获取和分析能力，培养其对多媒体资料的运用能力，为其未来的学习和工作打下良好的基础。

任务驱动法的核心在于激发学生的学习兴趣和主动性，使其成为自主学习者和批判性思考者。通过向学生提供具体而明确的任务，教师可以引导学生积极参与到学习过程中来，并在学习任务的完成过程中获得实践经验和知识积累。这种教学模式既符合大学生的学习需求和心理特点，又能够培养其自主学习和解决问题的能力，是一种具有广泛应用前景和教育意义的教学方法。

（2）小组合作法

在大学语文教学中采用小组合作法是一种有效的教学策略，能够促进学生之间的合作与交流，激发学生的学习兴趣和参与度。整个教学过程中，以小组为单位进行合作学习，每个小组由 5 名学生组成，这种组成方式灵活多样，根据不同的课堂活动采用不同的分组策略。

一是，采用兴趣式分组可以激发学生的学习兴趣。通过了解学生的兴趣爱好，教师可以将具有相似兴趣的学生组成一个小组，让他们在共同的兴趣点上展开合作学习。这样的分组方式能够增强学生之间的凝聚力，使他们更加愿意积极参与到学习活动中来。

二是，采用互帮互助式分组可以促进学生之间的合作与互动。在这种分组方式下，学生之间可以相互协助、共同探讨问题、解决困难，从而提高学习效率和成果。通过彼此的互动和交流，学生能够更好地理解课程内容，培养团队合作精神和沟通能力。

三是，采用拾遗补阙式分组可以弥补学生个体差异，促进全体学生的共同进步。教师可以根据学生的学习情况和表现，将不同水平的学生组合在一起，让他们相互学习、共同进步。这种分组方式能够促进学生之间的相互补充和提高，实现优势互补，达到整体提高的效果。

在小组合作交流的过程中，学生有机会展现自己，表达观点，甚至辩驳其他同学的观点，从而促进思想的碰撞和交流，激发新的思考和想法。通过小组比赛等形式，学生还能够在竞争中增强学习动力，提高学习兴趣和效果。

2.学法

（1）自主学习

在大学语文教学中，教师可以采用自主学习的教学方法，以激发学生的学习主动性和自主性，提高他们的学习效果和成就感。在课前，教师可以通过下发任务学习清单的方式，引导学生自主学习。学生在接收到任务学习清单后，可以积极收集相关资料，进行资料搜集、排练和讨论，以备课堂上的交流和讨论。

在课堂中，教师可以以问题形式来检验学生的课前学习成果。针对《伤逝》这一文学作品，教师可以围绕主人公悲剧命运的根源以及对主人公形象的客观判断，评价子君和涓生个人形象的特点等两个方面问题展开思考和讨论。通过向学生提出问题，引导他们思考，并鼓励他们表达自主看法，教师可以了解学生的自主学习程度，以及对文章的把握和理解情况。

通过学生问题回答的情况，教师可以及时了解学生的学习情况，调整教学的重心，保持任务驱动的时效性。在课堂上，教师可以根据学生的学习情况和理解程度，灵活调整教学内容和方法，增加文学评析和赏读的深度与广度，以更好地满足学生的学习需求和提高教学效果。

（2）合作学习

合作学习是一种重要的教学方法，通过分组讨论、总结等方式，培养学生在学习过程中发现问题、分析问题和解决问题的能力。针对《伤逝》这样的文学作品，合作学习可以起到特别重要的作用。在这个过程中，可以设置不同小组角色讨论的话题，例如，让学生站在主人公的视角下，分析其心态，并表达在小说所描绘的语境中自我的选择。这种合作学习方式能够为学生营造真实情景感，使他们进入到小说营造的环境内，并带着学习任务开展深度思索。

合作学习的优势在于可以让学生更深入地理解文学作品中的人物角色特征，掌握作者和特定人物情感和内心，理解逻辑关系和事件发展因果。通过小组讨论和合作，学生能够从不同的角度和思维方式去分析和解释文学作品，从而减少对作品理解的片面性。同时，学生还能够以当代价值观念来评价小说中的人物和情节，增加教学内容和学生生活实际的联系。

此外，合作学习还能够通过学生之间思维和学习成果的共享传递，保持学习氛围的活跃性以及学习成果习得的高效性。学生在小组讨论中不仅可以表达自己的看法，还能够倾听他人的观点，并从中获得启发和思考。通过共同探讨和交流，学生能够更好地理解和吸收课程内容，提高学习效果。

（三）教学内容创新

在面对大学生对鲁迅作品敬而远之的现状时，教师需要借助创新的教学方法和策略来激发学生的学习兴趣，并帮助他们深入理解鲁迅的作品。结合任务驱动教学，以及学生对鲁迅作品的印象和困惑，可以采取一系列措施来创新教学内容。

首先，教师可以通过课前任务学习清单的形式，引导学生自主学习和了解鲁迅的生平、思想以及作品背景。这种方式可以增强学生的主动学习意识，提高他们对鲁迅作品的兴趣和理解。

其次，教师在课堂导入环节可以通过引用鲁迅的平易近人的一面，例如他给许广平画"小白象"和爱吃糖的故事，来拉近学生与鲁迅的距离。这种情境导入的方式可以让学生更加亲近和理解鲁迅，打破学生对鲁迅的"神龛"式印象，激发学生对鲁迅作品的兴趣。

针对传统鲁迅教学中快速讲解生平的问题，教师可以设计任务让学生从特定的社会、经济、文化等方面寻找与文本对应的悲剧根源，并引导学生站在不同人物的立场去理解角色的性格和处境。这种任务驱动的教学方式能够让学生更深入地思考和理解鲁迅的作品，培养其分析和批判性思维能力。

在学生对文本中人物的极端评价方面，教师可以通过巧妙引导，让学生全面地寻找问题根源，并正确理解人物行为的内在逻辑和因果关系。同时，教师还可以融合课程思政，引导学生树立正确的人生观和爱情观，提升他们的综合素养。

最后，在课程内容设计上，教师可以引导学生比较不同作品之间的表现群体，例如《伤逝》和《我的前半生》，从中探讨两性关系和独立意识的演变，进一步引导学生树立独立自强的个性。这样的课程设计不仅能够增加教学内容和学生生活实际的联系，同时也能够更好地融入课程思政，培养学生的人文素养和社会责任感。

（四）课后归纳总结与教学评价

在课后的总结与归纳中，教师应着重引导学生对所学内容进行深入思考和探讨，而不是简单地重复教学内容。首先，教师可以关注学生对作品的看法，特别是针对鲁迅作品具有多义性的特点，应引导学生展开讨论，理解作品的多重解读可能性，并通过启发式语言点拨学生的思维，帮助他们找到作品解读的关键，形成正向的认知。其次，教师还应引导学生深入理解鲁迅创作的情感和精神内涵，帮助他们从当时的社会背景和作者的个人经历出发，更加准确地把握作品的意义和内涵。这种深入解读有助于学生形成对文学作品更全面、更深入的理解，提升其文学鉴赏能力和批判思维水平。

在完成对教学内容和学习成果的总结归纳后，教师可以为学生布置课后的网络平台作业，以巩固学生在课堂上学到的知识，并帮助他们进一步探究文学作品的内涵和意义。例如，通过组织学生观看话剧《玩偶之家》，并就其中人物的命运和人物性格等方面进行对比分析，让学生从中感悟不同文化背景下的人物形象和情感表达，进一步拓展对文学作品的理解和解读角度。这样的课后作业既能够培养学生的阅读和写作能力，又能够为教学评价提供参考，帮助教师更好地了解学生的学习情况和水平。

综上所述，通过任务驱动的教学方法和创新的教学内容设计，教师可以更好地引导学生深入理解文学作品，培养其文学鉴赏能力和批判思维水平。同时，通过课后的总结归纳和网络平台作业，教师可以进一步巩固学生的学习成果，拓宽学生的学习视野，为他们的综合素养和人文修养的提升奠定坚实基础。

第三章　高职语文课堂教学设计与实施

第一节　有效的课堂设计策略和原则

一、学生参与性

（一）小组讨论

小组讨论是一种有效的课堂活动形式，能够激发学生的积极性和主动性，促进他们之间的交流和合作。在进行小组讨论时，可以采取以下策略：

1. 主题设定

在进行小组讨论之前，首先需要确定讨论的主题或问题。主题设定应该与课程内容密切相关，能够引发学生的兴趣和思考，激发他们的讨论热情。例如，在高职语文课堂上，可以设定如下主题：

（1）文学作品的价值观表达

（2）当代社会问题在文学作品中的反映

（3）文学作品对个人成长和社会发展的影响

这些主题都能够引发学生的思考和讨论，并且与高职语文教学的目标相契合。

2. 小组分组

小组分组是确保讨论顺利进行的重要步骤。教师可以提前根据学生的学习情况和个性特点进行分组，确保每个小组的成员能够互补、协作。例如，可以根据学生的专业背景、学习兴趣或学习能力进行分组，使每个小组的成员具有一定的相似性和差异性，有利于讨论的丰富性和深度。

3. 讨论引导

在进行小组讨论时，教师需要提供适当的讨论引导问题，引导学生对主题展开思考和交流。讨论引导问题应该具有启发性和开放性，能够引导学生深入探讨主题，并且避免讨论偏离主题。例如，针对主题"文学作品的价值观表达"，可以提出以下引导问题：

（1）你认为文学作品中的价值观是如何体现和表达的？

（2）文学作品中的不同人物对于价值观的理解和表达有何差异？

（3）文学作品中的价值观与现实生活中的社会价值观有何关联和影响？

通过这些引导问题，可以引导学生对主题展开深入的讨论和思考。

4. 时间控制

在进行小组讨论时，教师需要控制讨论的时间，确保每个小组都有充足的时间来进行思考和表达，同时避免时间过长导致讨论松散。一般来说，可以根据讨论的主题和内容来确定时间的长短，但一般不宜超过 30 分钟。教师可以设定一个明确的时间限制，提醒学生合理安排时间，保证讨论的高效进行。

5. 总结反馈

结束讨论后，教师应该进行总结和反馈，让每个小组分享他们的讨论成果和思考收获。教师可以邀请每个小组派代表进行总结发言，介绍他们的讨论内容和结论，同时提供自己的评价和建议。这样不仅可以让学生对自己的讨论成果进行总结和回顾，还可以促进学生之间的交流和学习，进一步加深对主题的理解。

（二）角色扮演

角色扮演是一种生动有趣的教学方式，能够让学生在模拟情境中体验和探索，增加学习的趣味性和参与度。设计角色扮演活动时，可以考虑以下要点：

1. 情境设置

情境设置是角色扮演活动的基础，它为学生提供了一个具体的背景和场景，让他们能够更好地理解角色的身份和情感，增加感情投入。在设计情境时，需要考虑以下几个方面：

（1）确定主题和目标

首先需要确定角色扮演活动的主题和教学目标，确保情境与课程内容紧密相关，能够引发学生的兴趣和思考。

（2）创建具体情境

根据主题和目标，设计一个具体的情境和背景，可以是历史事件、文学作品情节或者现实生活场景，让学生能够身临其境，深入体验角色的身份和情感。

（3）提供必要信息

在情境设置中，需要为学生提供必要的信息和背景知识，帮助他们更好地理解角色的身份和情感，从而更好地融入角色扮演活动中。

（4）激发情感投入

通过情境设置，激发学生的情感投入，让他们能够真实地感受到角色的情感和体验，增强角色扮演活动的真实感和参与度。

2. 角色分配

角色分配是角色扮演活动的关键步骤之一，它直接影响到学生的参与度和活动效果。在进行角色分配时，需要考虑以下几个方面：

（1）角色多样性

确保角色分配多样化，涵盖不同类型的角色，包括历史人物、文学人物或者虚拟角色，以满足不同学生的兴趣和能力需求。

（2）合理性和公平性

角色分配应该合理公平，确保每个学生都能够扮演一个合适的角色，并且角色之间的分配要能够协调和平衡。

（3）考虑学生特点

在进行角色分配时，需要考虑到学生的个性特点和能力水平，合理安排角色，确保每个学生都能够有所表现和发挥。

（4）提供选择空间

在可能的情况下，给予学生一定的选择空间，让他们根据自己的兴趣和偏好选择合适的角色，增强参与度和投入感。

3. 任务设定

任务设定是角色扮演活动的核心内容，它为学生提供了明确的任务和目标，促进学生的思考和行动。在进行任务设定时，需要考虑以下几个方面：

（1）明确任务目标

确定角色扮演活动的任务目标，明确学生需要完成的任务和达成的目标，以引导学生的行动和思考。

（2）任务多样性

任务设定应该多样化，涵盖不同类型的任务，包括信息收集、问题解决、角色交流等，以满足不同学生的学习需求。

（3）激发创造力

任务设定应该激发学生的创造力和思维，让他们能够充分发挥自己的想象力和创意，完成任务并达成目标。

（4）提供支持和指导

在任务设定过程中，需要为学生提供必要的支持和指导，帮助他们顺利完成任务，并在完成后进行总结和反思。

4. 情感表达

情感表达是角色扮演活动的关键环节之一，它能够让学生更好地理解和感受角色的情感和思想，增加活动的真实感和趣味性。在进行情感表达时，可以采取以下策略：

（1）语言表达

鼓励学生通过语言表达来展现角色的情感和思想，可以使用适当的语言、词汇和句式，使角色更加生动形象。

（2）表情和动作

引导学生运用丰富的表情和生动的动作来表达角色的情感，可以通过面部表情、肢体动作等方式增强情感表达的效果。

（3）情感体验

让学生尽可能地体验角色的情感，让他们在角色扮演活动中真实地感受到角色的喜怒哀乐，增强情感表达的真实性和感染力。

（三）案例分析

案例分析是一种能够培养学生分析思考和解决问题能力的有效方式。在进行案例分析时，可以采取以下步骤：

1. 案例选择

在选择案例时，需要考虑案例的代表性、现实意义和学科相关性。案例可以是真实的历史事件、社会现象，也可以是虚构的情境，但必须具有启发性和引导性，能够引发学生的兴趣和思考。案例的选择应当紧密结合教学内容和学生的实际情况，能够激发学生的思维和探索欲望。

2. 问题提出

在提出问题时，需要确保问题具有启发性和挑战性，能够引导学生深入分析案例，并提出合理的见解和解决方案。问题可以从案例中抽取关键信息、疑点或困惑，也可以针对案例中涉及的学科知识和技能进行延伸和拓展，激发学生的思考和探索欲望。

3. 讨论交流

在组织学生进行讨论和交流时，教师可以采取小组讨论、全班讨论或角色扮演等形式，引导学生分享自己的观点和分析结果，促进彼此之间的思想碰撞和共同进步。教师可以适时给予指导和引导，引导学生深入思考问题的本质和解决思路，培养其批判性思维和创新能力。

4. 总结反思

在结束案例分析后，教师应当对学生的讨论和分析进行总结和反思，梳理案例分析的过程和结论，帮助学生从中获得启示和收获。教师可以针对学生的不足之处进行指导和提醒，引导他们进一步完善自己的分析思路和解决能力，提高学生的综合素质和学习效果。

二、问题导向

（一）提出引人思考的问题

在课堂教学中，提出引人思考的问题是激发学生思维的有效手段。以下是一些设计问题的策略：

1. 引导性问题

引导性问题是指那些能够引导学生深入思考、从不同角度思考问题的问题。这样的问题通常以开放性的形式出现，让学生可以有多种答案和思考路径。例如，对于一篇文学作品，可以问："你认为主人公的行为背后隐藏着怎样的动机？"这样的问题不仅引导学生思考文学作品中人物的内心世界，还可以引发他们对文学作品更深层次的探讨。

2. 挑战性问题

挑战性问题是那些对学生提出一定挑战，鼓励他们超越表面思维、深入思考问题本质和复杂性的问题。这种问题常常要求学生提出创新性的见解或解决方案，从而激发他们的思维活跃度和创造力。例如，对于一个科学难题，可以问："你能否提出一种新颖的解决方案？"这样的问题能够促使学生主动思考、探索，并在实践中提升解决问题的能力。

3. 实践性问题

实践性问题是那些与学生实际生活和专业相关，能够将课堂学到的知识与实际情境相结合的问题。这种问题能够增强学生对知识的理解和应用能力，提高他们解决实际问题的能力。例如，对于一门职业技能课程，可以问："你觉得我们可以如何应对当前社会面临的环境问题？"这样的问题不仅让学生将所学的环境知识与实际问题联系起来，还培养了他们的社会责任感和实践能力。

（二）问题解决任务

设计问题解决任务是让学生通过实际操作来解决问题，培养其问题解决能力和创新思维的有效方式。以下是一些任务设计的建议：

1.任务明确

任务明确是指要确立清晰的任务目标和要求，让学生明白他们需要解决的问题是什么，以及需要达到的目标是什么。任务目标应当具体、可操作，并且能够激发学生的兴趣和动力。例如，一个任务可以是："你们的任务是设计一个解决校园垃圾分类问题的方案，要求包括垃圾分类的方法、设备和宣传策略。"

2.资源整合

在设计问题解决任务时，需要提供学生所需的信息和资源，让他们能够全面了解问题，并且能够从中获取必要的知识和技能。这些资源可以包括书籍、网络资料、实地调研等。同时，也鼓励学生主动寻找和整合相关资源，培养其信息获取和分析能力。

3.合作协作

鼓励学生进行合作探讨和协作实践是任务设计的重要部分。通过组织小组活动或者团队项目，促进学生之间的团队合作和交流，让每个学生都能够发挥自己的优势，共同解决问题。在合作过程中，还可以培养学生的沟通能力、协作能力和领导能力。

4.成果展示

最后，组织学生展示他们的解决方案和成果，让他们有机会分享自己的思考和心得，同时也能够接受其他同学的评价和建议。通过成果展示，可以激发学生的自信心，增强其对解决问题的信心和动力，同时也促进了学生之间的交流和学习。

三、课堂氛围

（一）轻松活泼的氛围

创造轻松愉快的课堂氛围对于学生的学习和参与至关重要。以下是一些营造轻松活泼氛围的策略：

1. 创意课堂布置

设计有创意的课堂布置可以为课堂增添活力和趣味性。教师可以在教室的墙壁上张贴一些有趣的图片或者学生作品，摆放一些装饰品或者植物，营造一个轻松愉快的学习环境。此外，可以根据不同的主题或者节日进行课堂装饰，让学生在美丽的环境中感受到学习的乐趣。

2. 音乐与笑声

在适当的时候播放一些轻快愉悦的音乐，或者放一些幽默搞笑的视频或音频，在课堂上增加一些欢笑声和愉悦的氛围。这不仅可以缓解学生的紧张情绪，还能够让课堂更加轻松活泼。

3. 学生参与表扬

鼓励学生积极参与课堂活动，并及时给予表扬和鼓励。可以设立一些小奖励机制，激励学生在课堂上积极发言、参与讨论或者完成任务。这样可以增强学生的学习动力，促进课堂氛围的活跃和轻松。

4. 轻松愉快的态度

教师自身的态度也是营造轻松活泼氛围的关键。教师应该保持乐观积极的态度，与学生建立良好的师生关系，让学生感受到教师的关爱和支持。同时，教师可以放下严肃的面孔，与学生进行轻松愉快的交流，促进学生的情绪释放和情感交流。

（二）充满挑战性的氛围

挑战性的学习任务能够激发学生的学习动力和求知欲，提高他们的学习积极性。以下是营造挑战性氛围的策略：

1. 激发竞争意识

设计一些竞赛或比赛形式的学习任务，让学生之间展开竞争，激发他们的竞争意识和求胜欲望。可以设置小组竞赛或个人竞赛，奖励表现优异的学生，提高学生对学习任务的投入和积极性。

2. 提供挑战性的课外作业

设计一些富有挑战性的课外作业，要求学生在课堂外进行自主学习和探索。可以提供一些拓展性的问题或研究课题，鼓励学生深入思考和探究，挑战自己的学习能力和水平。

3. 提供支持与指导

在学生面临挑战时，及时给予他们必要的支持和指导。教师可以提供一些学习资源和参考资料，帮助学生解决困难，引导他们克服挑战，取得成功。

4.鼓励失败的接受和反思

告诉学生失败是成功之母，鼓励他们接受失败并从中吸取经验教训。教师可以引导学生反思失败的原因，分析不足之处，并帮助他们制订改进计划，为下一次挑战做好准备。

（三）积极合作的氛围

积极的合作氛围能够促进学生之间的交流和团队精神，提高学习效率。以下是营造积极合作氛围的策略：

1.创建共享资源平台

建立一个共享资源平台，让学生可以共享彼此的学习资源和资料。这可以是一个在线平台或者班级内部的文件共享系统，学生可以在这里分享有用的学习资料、笔记、习题解答等，促进资源共享和合作学习。

2.分工合作项目

安排一些需要分工合作的项目，让学生根据各自的特长和兴趣分工合作，共同完成任务。通过合作项目，学生不仅可以学会团队协作和沟通，还能够发挥个人优势，提高整体效率和质量。

3.提倡互助互学文化

培养一种互助互学的文化氛围，鼓励学生之间互相帮助和支持。教师可以设立学习小组或学习伙伴制度，让学生相互之间互相监督、互相督促，共同进步。

4.设立奖励机制

设立奖励机制，激励学生积极参与合作。可以给予团队合作成员奖励或表彰，鼓励他们在合作中发挥出色的表现，提高合作的积极性和有效性。

第二节　激发学生学习兴趣的教学手段

一、学生学习兴趣不足的原因

（一）僵化的教学方式

1.传统教学模式缺乏趣味性

传统的语文教学往往以教师为中心，注重教师的讲解和学生的被动接受。这种单一的教学方式缺乏趣味性，使得学生在课堂上缺乏积极性和参与度。例如，老师只是不断地讲解语文知识，而缺乏足够的互动和讨论环节。

2. 缺乏个性化的教学方法

学生的学习方式和兴趣各不相同，但传统教学模式往往忽视了这一点，采用的是"一刀切"的教学方式，无法满足学生的个性化需求。例如，一些学生可能更喜欢通过实践性的活动来学习语文，而传统教学模式未能给予他们足够的支持和空间。

3. 缺乏与现实生活的联系

传统的语文教学往往偏重文本的解读和理论知识的传授，而忽视了与学生现实生活的联系。这导致学生对语文学习缺乏实践性和应用性的认识，感觉学到的知识难以与自己的生活和职业发展联系起来。

（二）滞后的教学内容

1. 教材内容不贴近学生兴趣和实际需求

高职语文教材的内容选取和编写未能充分考虑学生的兴趣和实际需求，大多数教材内容偏向于传统的文学作品和语言知识，缺乏与学生职业发展相关的实用性内容。这使得学生对教材内容产生抵触情绪，学习兴趣下降。

2. 缺乏现代化的教学方法和手段

高职语文教材的编写和教学方法相对滞后，未能充分利用现代技术手段和教学资源，如多媒体教学、在线学习平台等。这导致教学方式单一，难以吸引学生的注意力和兴趣。

3. 与职业需求脱节的教学内容

高职语文教材的内容与学生未来的职业发展需求脱节，缺乏与各个专业实际工作相关的知识和技能培养。这使得学生难以将所学知识与实际工作场景相结合，对语文学习失去了兴趣和动力。

（三）学生语文基础差，教师未能唤起学生内在需求

1. 学生语文基础薄弱

高职学生中存在着许多语文基础薄弱的情况，他们在中学阶段对语文学习的重视程度较低，导致了在高职阶段的语文学习困难重重。这使得学生对语文学习产生了畏难情绪，缺乏对语文学习的兴趣和动力。

1. 教师教学方法不尽如人意

部分高职语文教师的教学方法可能较为传统，缺乏针对性和灵活性。他们未

能根据学生的实际情况和需求进行差异化教学，无法唤起学生的学习兴趣和内在需求。

2. 激励机制

高职语文教育缺乏有效的激励机制，未能及时发现学生的优点和潜力，激发其学习的内在动力。缺乏激励和正面反馈使得学生对语文学习的积极性和主动性下降，导致学习兴趣不足。

二、激发学生学习兴趣的方法对策

（一）改进教学方法，激发学生学习兴趣

1. 现代先进教学设备的应用

在未来高职教育的演进中，网络多媒体技术正成为一种新兴的教学利器。在高职语文教学中，学生学习兴趣不高的情况时有发生，针对这一现状，教师可以充分利用现代先进的网络多媒体设备，以提升教学效果。通过对教学内容进行合理设计、制作和传播，教师能够针对缺乏现实意义的内容进行甄别、改善，并且尽可能将知识点简化易懂，以便学生能够一目了然。在课堂上，通过趣味性的教学方式，可以使学生的注意力高度集中，从而提高他们的学习效率和积极性。

利用先进多媒体技术进行教学，不仅可以改善教学手段，还能够激发学生的学习兴趣。举例来说，当教师讲述陶渊明的《饮酒》诗时，通过多媒体技术将诗中的画面展现在学生眼前，会收到良好的效果。这样的教学方式不仅吸引了学生的注意力，还让他们领略到了诗歌的美妙之处。同时，通过多媒体技术呈现的课堂内容，能够加强学生对知识的记忆，并且展现出语文知识的魅力，使学习变得更加生动有趣。

2. 情境教学法的运用

在日常高职语文教学中，常常面对学生学习上的被动状态，缺乏互动与思辨精神，这对于实现理想的学习效果与教育目标构成了一定的障碍。然而，教师可以通过情境教学法的运用，有效地激发学生的学习兴趣和积极性，使他们产生一定的代入感，从而在学习上展现更多地思考与参与。

例如，一位高职教师在教授《牡丹亭·游园》一文时，通过对美景与人物心境的夸张与渲染，创造出一种身临其境的情境感受。在教学中，学生不仅仅是被动地传递信息，而是通过多种感官的刺激，如听觉、视觉等，进入到故事的情境中。例如，学生可以同时听轻快的音乐，观赏相关的视频，这样的情景再现不仅提高了学生的专注度和学习兴趣，也使他们更加积极地参与到课堂互动中。

情境教学法的运用并非局限于传授知识，而是通过情感与感悟的共鸣，激发学生内在的学习动力和兴趣。通过这种方式，学生不仅仅是在学习语文知识，更是在感受文学作品中的情感，思考其中的道理和意义。这样的教学方法不仅启迪了学生的情感，还激发了他们对语文学习的兴趣，为高职语文教学水平的提升带来了显著的效益。

3. 小组合作教学法的应用

在语文教学中，采用小组合作教学法是一种有效的教学策略，它能够促进学生之间的合作精神和团队意识，同时激发学生的学习兴趣和动力。教师在实施小组合作教学时，通常会将学生分成小组，并为每个小组分配特定的任务或项目，要求他们共同合作完成。这种教学方式不仅提高了学生的团队协作能力，还增强了学生之间的互动和交流，从而更好地实现了教学目标。

例如，在讲述文学作品《日出》时，教师可以安排学生组成小组，让他们分工合作，排练几场文中的场景，并且通过演出来展现精彩的剧情。在这个过程中，学生们需要仔细揣摩文本中人物的心路历程，理解人物台词之间的情感纠葛与现实意义，然后根据自己的理解来对各自的角色进行诠释与演绎。通过这样的排练与演绎活动，学生们不仅培养了团队协作能力，还提升了对文学作品的理解和感悟能力。

此外，小组合作教学法还可以营造一种积极的学习氛围，增强学生的学习动力。在竞争激烈的团队环境中，学生们会相互激励、竞相进步，从而更加投入到学习中。这种竞争的快乐不仅激发了学生对学习的热情，也增强了学生的自信心和自我认知。

因此，小组合作教学法的应用不仅能够促进学生的学习效果，还能够培养学生的合作精神和竞争意识，为他们的综合素质和个人发展奠定了良好的基础。同时，这种教学方法也符合现代教育的理念，强调学生的主动参与和合作互动，有助于培养学生的创新能力和团队精神。

（二）丰富教学内容，激发学生学习兴趣

1. 教材甄别与遴选

在当前高职教育的背景下，教材的甄别与遴选显得尤为重要。高职教育作为一种职业化的教育形式，其教学内容必须紧密贴合时代的职业需求，以培养学生适应社会职业需求的能力和素养为目标。然而，现实中存在着许多教材选择上的问题，如与现实生活脱节、内容不严谨、偏向传统等，这些问题直接影响了教学效果和学生的学习兴趣与积极性。

针对这些问题，高职院校需要对可供选择的教材进行严格的甄别和遴选。首先，教材应符合时代的职业需求，具有针对性和实用性。这意味着教材内容应当紧密贴合当前职业市场的需求，涵盖实际工作场景和技能要求，帮助学生更好地适应未来职业发展的需要。例如，针对特定行业的技能培训类教材应包含最新的行业标准和实践案例，以确保学生在毕业后能够胜任相关职业。

其次，教材内容应当贴近现实生活，具有丰富的案例和实例，能够引发学生的兴趣和思考。这样的教材能够使学生在学习过程中更加投入，增强学习的趣味性和吸引力。例如，教材可以引入当前社会热点话题、真实案例或行业经验，通过与学生的实际生活经验相联系，使学习内容更具生动性和可感性。

通过严格的教材甄别与遴选，高职院校能够确保教学内容与社会需求保持一致，提高学生的职业素养和实践能力。这不仅有利于学生的职业发展，也能够增强教育教学的实效性和社会认可度，推动高职教育朝着更加贴近实际、符合时代要求的方向发展。

2. 职业性教材的选择对学生学习兴趣的影响

教材的选择对于学生的学习兴趣和积极性具有直接而重要的影响。当教材与时代需求不符合或内容过于抽象时，学生可能会感到学习缺乏实际应用，从而导致他们产生学习疲劳和消极情绪。相反，如果教材贴近实际职业需求，具有实用性和针对性，学生会更容易产生学习的兴趣和动力，更加愿意投入到学习中去。

在高职教育中，选择适合的教材对于激发学生的学习兴趣至关重要。高职院校在选择教材时，应当充分考虑到学生的实际需求和学习背景。这意味着教材应当贴近实际工作场景，具有职业指导意义，能够为学生提供实际应用的知识和技能。这样的教材不仅能够引发学生的兴趣，还能够激发他们对于学习的积极性和主动性。

选择适合的教材还可以提高教学的实效性和实用性。通过选择与实际职业需求相符合的教材，教师能够更好地引导学生进行学习，帮助他们建立与职业相关的知识体系和技能结构。这样的教学过程不仅能够增强学生的学习动力，还能够为他们未来的职业发展奠定坚实的基础。

3. 教材选择的重要性与应对策略

教材选择对于高职语文教育的发展至关重要。在当前教育改革的背景下，高职院校应当高度重视教材选择，并采取积极有效的应对策略，以确保教学质量和学生学习效果的提升。

首先，学校可以建立起完善的教材甄别与遴选机制。这包括明确教材选择的标准和要求，例如是否符合时代需求、是否具有实用性和针对性、是否能够激发学生的学习兴趣等。建立这样的机制可以帮助学校从众多教材中甄别出质量较高、适用性较强的教材，为学生提供优质的学习资源。

其次，学校可以加强与企业和行业的合作。通过与企业和行业建立紧密的合作关系，学校可以及时了解到实际工作场景和职业技能要求的变化，从而更好地指导教材的选择和更新。此外，学校还可以借鉴企业和行业的实际案例，引入更加贴近实际的教学内容和案例，使学生在学习过程中能够更好地理解和应用所学知识。

除此之外，学校还可以积极推行教材评估和反馈机制。定期对所选教材进行评估，了解学生和教师对教材的反馈和意见，及时调整和更新教材内容，以适应学生的学习需求和时代的发展变化。同时，学校还可以鼓励教师在教学过程中积极创新，根据教材内容和学生实际情况设计丰富多彩的教学活动，提高教学的实效性和吸引力。

（三）立足学生，培养学生内在学习兴趣

1. 在语文教学中的重要性

（1）情感是语文教学的灵魂

情感在语文教学中扮演着不可或缺的角色，它贯穿于教学的始终，是将教学内容、课堂互动和学生主体联系起来的纽带。语文教学不仅仅是知识的传授，更是情感的交流与沟通，是学生与教师之间情感共鸣的体现。通过情感的表达和共鸣，教师能够引导学生对语文知识产生兴趣，激发他们的学习动力和情感投入，从而提高教学效果。

（2）情感是学习的媒介物质

在语文学习中，情感不仅仅是一种体验，更是促进学习的媒介物质。教师可以通过生动活泼、声情并茂的教学方式，将抽象的语文知识转化为具体的情感体验，使学生能够更加深刻地理解和感受到语文的内涵和魅力。而学生则可以通过情感的揣摩和体会，将抽象的语文知识变得更加具体和生动，从而提高学习的效果和质量。

（3）情感与现实生活的联系

教师在教学中可以通过引入现实生活中的情感体验和案例，与学生进行情感共鸣。例如，通过讨论文学作品中的人物情感与现实社会中的人际关系、情感表达等进行对比，使学生能够更加直观地理解和感受到语文知识的现实意义和价值，从而增强学习的兴趣和动力。

2.情感教学在学生学习兴趣中的作用

（1）情感共鸣提升学习兴趣

通过教师的情感表达和学生的情感揣摩，学生能够与教学内容建立起情感上的共鸣，从而增强了对语文学习的兴趣和投入。学生在与教材内容发生情感共鸣的过程中，会更加主动地投入到学习中去，提高学习的积极性和主动性。

（2）情感表达促进学习深度

通过情感表达和共鸣，学生能够更深入地理解和体验语文知识，从而提升了学习的深度和广度。情感的表达不仅仅是对语文知识的理解和体会，更是对学习过程中的思考和感悟，**能够**使学生在情感上得到满足，从而增强了对语文学科的热爱和信心。

（3）情感共鸣加强师生关系

通过情感共鸣的体验和表达，师生之间建立起了融洽的师生关系，增强了彼此之间的信任和理解。教师能够更好地理解学生的情感需求和学习困惑，而学生则能够更加积极地与教师合作，共同完成学习任务，从而提高了教学效果和学习质量。

3.有效促进情感共鸣的策略与方法

（1）生动活泼的教学方式

教师可以采用生动活泼、富有情感的教学方式，如故事讲解、情感解读等，来吸引学生的注意力和兴趣，促进学生对语文知识的理解和体会。

（2）引入现实生活案例

教师可以通过引入现实生活中的案例和事件，与学生进行情感共鸣，使抽象的语文知识变得更加具体和生动，增强学生的学习兴趣和动力。

（3）鼓励学生情感表达

教师可以鼓励学生积极参与课堂讨论和活动，分享自己的情感体验和感悟，促进师生之间情感的交流与沟通，加深彼此之间的情感认同和共鸣。

第三节 创新实施高职语文教学活动

一、项目驱动的教学活动

设计与学生专业相关的实践项目，让学生在实践活动中应用语文知识，提高他们的实际操作能力和解决问题的能力。

（一）围绕教材特征设计教学目标

在高职语文教学中，教师需要根据教材的特征设计具体的教学目标，以确保项目式教学活动的顺利开展和高效推进。首先，教师应该全面了解所选教材的内容和特点。以《大学生人文素质教育读本》为例，该教材涵盖了反映优秀传统文化与人文精神的名作，具体内容包括经典选读、古代散文、史学典籍、诗词曲赋、近现代散文和陶行知文选等六部分。基于对教材特点的认识，教师可以明确教学重点，即提升学生的人文素质水平、加深学生对优秀传统文化的理解、培养学生传承优秀传统文化的意识。

其次，教师应根据教学任务和教材特点设计具体的教学目标。以《〈孟子〉选读》一课为例，教师可以设计"走近孟子——了解孟子的生平、思想及艺术成就"这一项目，并设定相应的教学目标。这些目标包括让学生在收集资料的过程中学会独立思考、辩证分析，让学生在解答问题时领会孟子思想、丰富文学积淀等。通过明确的教学目标，教师可以为项目式教学的顺利开展指明方向，引导学生在实践中学习、探索和成长。

最后，教师应根据教学目标设计相应的教学活动和评价方法。在教学过程中，教师可以采用多种教学方法，如讲解、讨论、案例分析等，以激发学生的学习兴趣和积极性。同时，教师还应定期对学生的学习情况进行评价和反馈，及时调整教学策略，以保证教学目标的实现和教学效果的提升。

（二）设计"微"项目引领前驱学习

语文是高职院校的公共基础课程，具有培养学生语文素养、提升学生综合素养的育人价值。传统教学模式下，教师的教学思维具有强势、主观的特征，导致学生的学习思维朝弱势、被动的方向发展。该种教学模式以教师为中心开展教学活动，严重制约了学生学习潜能、主观能动性的发挥。为打破高职学生的惯性思维，教师有必要设计"微"项目驱动学生自学，使其在前驱阅读、前驱探索的过程中实现由"识"到"知"，再到"用"的跨越性学习。

1."微"问题引发思考，激活语文思维

在项目式教学中引入具有启发性的教学问题，可以有效促进学生的深度思考，激活其语文思维。教师可以在课堂教学前布置前驱性任务，并设计与主要内容相关的问题，以问题驱动学生进行深度思考。比如，在教学《谏逐客书》一课时，教师可以布置前驱性任务："结合《谏逐客书》，分析如何有效说服他人改变主意"。这一任务要求学生在课前阅读原文，并思考作者是如何有效说服秦王改变主意的。通过这样的任务设计，教师可以引导学生深入挖掘文本内涵，理解作者的观点和论证方式，从而培养学生的批判性思维和文学鉴赏能力。

为了进一步引导学生的发散思维，教师可以提出引导性问题，如《谏逐客书》主要表达了什么观点？作者是如何说服秦王改变主意的？这对你有什么启发？通过层层设问，教师可以引导学生对文本进行深入解读，同时激发学生对历史、人性等问题的思考。这样的问题设计不仅能够提升学生的阅读理解能力，还能够培养其批判性思维和创造性思维，从而有效促进学生的语文思维发展。

2."微"任务驱使行动，培养行为习惯

将项目式教学法与任务教学法有机结合，是提升课堂教学质量、培养学生能力的有效途径。在课堂教学之前，教师可以设计前驱性"微"任务，以此驱动学生在课前进行相关资料的收集、分析和沟通，从而为课堂深度学习奠定基础。然而，由于外部因素的限制，教师难以在学生完成前驱性"微"项目时提供实时指导，因此学生是否能够有效完成任务往往取决于其自制力和自律能力。

在项目式教学中，为了培养学生良好的行为习惯，教师可以通过设计具体的任务，逐步引导学生养成自主完成项目实践的习惯。例如，在教学《假如给我三天光明》一课前，教师可以设计前驱性"微"项目——"研究海伦·凯勒一生的经历和成就"。为了确保学生能够完成任务，教师还可以进一步细化任务内容，设计多个子任务，如应用多种方式收集海伦·凯勒的生平事迹、按时间顺序整理事迹、以书面形式呈现并写出感悟等。通过这样的任务设计，学生需要逐步展开行动，收集、整理、分析信息，并形成自己的见解和感悟，从而培养了学生的思维能力和自主学习的习惯。

逐步养成良好的行为习惯不仅有助于学生在项目式教学中取得更好的学习效果，还能够为其未来的学习和生活打下坚实的基础。通过这样的教学方法，学生不仅能够掌握知识和技能，还能够培养自主学习、自我管理的能力，从而更好地适应未来的学习和工作环境。

（三）优化教学环境提升学习积极性

由学生自主感知获得的知识才是可用的知识。为丰富学生"可用的知识"的储备，教师有必要在开展项目式教学时营造适宜的教学环境，让学生在教学环境的感染下主动思考、主动实践，从而深入理解语文知识。在实际教学中，教师可以通过创设项目式教学情境，组织项目讨论活动，优化教学环境，从而从根本上提升高职学生学习语文的积极性。

1.结合课程特点创设情境，引发共鸣

在高职语文教学中，应用项目式教学法，结合课程特点创设情境，可以极大地促进学生的学习兴趣和参与度。孔子的名言"不愤不启，不悱不发，举一隅不以三隅反，则不复也"深刻阐述了营造教学氛围对于学生学习的重要性。因此，在设计项目式教学活动时，教师可以通过创设生动的教学情境来激发学生的学习兴趣和共鸣，从而使他们更积极地参与项目学习，内化与吸收项目内容。

举例来说，在教学《公众演讲技巧（二）——基本功训练》这一课程时，教师可以结合课程内容和学生实际，创设一个真实的入职情境。通过将学生置身于即将面对的工作场景中，比如公司的入职仪式，教师可以引导学生思考如何向新同事们介绍自己，这与公众演讲具有一定的相似性。为了让情境更加贴近学生的实际情况，教师可以设置不同部门的工作岗位，让学生扮演不同的职业角色，从而更好地理解公开演讲的重要性和技巧。

通过这样的情境创设，学生能够在实践中体会到自己在公开演讲方面的不足，增强自我提升的意愿。同时，这种真实情境的创设也能够激发学生的共鸣，使他们更加认真地对待项目学习，提高学习的效果和质量。因此，结合课程特点创设情境是项目式教学中的一种有效策略，可以促进学生的参与度和学习成效，为他们的职业发展奠定坚实的基础。

2.围绕教学内容组织活动，加强理解

布鲁姆的认知领域教学目标六级模型为教学提供了一个有力的框架，教师可以根据这一模型来组织多种教学活动，从而帮助学生实现从低级认知水平向高级认知水平的过渡。在高职语文项目式教学中，教师可以围绕教学内容设计各种活动，以加强学生对语文知识的理解，促进他们对新知识的内化、吸收和综合应用。

举例来说，在围绕《办公室礼仪》一课内容展开"和客户电话沟通并促成

XX 项目的合作"主题的项目式教学时，教师可以组织小组讨论活动。首先，教师可以通过多媒体课件呈现电话礼仪的主要内容，例如给予对方亲切的问候、进行自我介绍、确认对方身份、切入主题等，从而使学生明确讨论的思路。其次，教师可以安排学生分组进行演练和讨论，让他们在实践中发现不足，在讨论中共同研究优化的方法。最后，教师可以再次为学生讲解课堂教学的主要内容，帮助他们将项目学习中的讨论结果与所学内容联系起来，进一步加深对所学知识的理解。

通过这样的活动组织，学生不仅可以在实践中掌握语文知识，还能够培养分析、合作、沟通和解决问题的能力。同时，通过与实际情境的结合，学生的学习动机和兴趣也得到了有效的激发，进而更加主动地参与到项目学习中去。这种活动组织方式有助于提升教学质量，促进学生的综合素质发展。

（四）设计实践项目驱动实践探究

在高职语文项目式教学中，实践项目的设计至关重要，它既能夯实学生的知识基础，又能培养学生的实践素养。而在设计实践项目时，教师需要找准"知"与"行"的平衡点，以确保教学的全面性和有效性。

首先，从阅读理解、阅读鉴赏、阅读审美素养培养的角度出发，教师可以设计鉴读学习项目。在这个项目中，学生以小组为单位进行合作阅读，驱动学生深度探析文章蕴藏的思想情感，从而提升学生的人文素养。例如，针对《像山那样思考》一文，教师可以设计"如何看待人与自然的关系"这一教学项目。通过具体项目的驱动，学生被引导进行分析、探究和讨论，从而让他们明确《像山那样思考》一文的内涵，进而提升学生的鉴赏能力。

其次，从语言建构、语言运用、审美创造等素养培养的角度出发，教师可以设计文学创作项目。这种项目可以驱动学生进行写作实践，从而进一步提升其创作能力。以《像山那样思考》一文为例，教师可以设计"创作一篇轻小说，写出你对人与自然关系的理解"这样的项目。通过写作项目的驱动，学生将设计写作架构、填充写作内容，从而提升其文学创作能力。

通过这样的实践项目设计，学生既能够在实践中深入理解语文知识，又能够培养自己的实践能力。同时，通过项目驱动的方式，学生的学习动机和兴趣也能够得到有效的激发，从而更加积极地参与到项目学习中去。这种综合素养的培养方式不仅能够提升教学质量，还能够促进学生的综合素质发展。

二、互动式的教学方式

（一）互动式教学的内涵与合理性

1. 互动式教学的内涵

互动式教学法代表了一种全新的教学范式，其核心理念在于将学生置于教学活动的中心地位，使其成为学习的主体，而不再是被动的接受者。在互动式教学中，教师的角色不再局限于传统的知识传授者，而是扮演着引导者和促进者的角色。这种教学方法强调教师与学生之间的双向互动，将其视作教学活动的重要基础之一。

在互动式教学的实践中，教师需要逐步改变传统的教学观念，转变自身的角色定位。他们应当成为学生主动学习的引导者和协助者，在学生的学习过程中扮演着完善、归纳、补充和引导等多重角色。与传统的一对多的教学模式相比，互动式教学更注重教师与学生之间的互动交流，鼓励学生提出问题、展示思考、分享观点，从而激发出学生的潜能和创造力。

同时，在互动式教学的实践中，教师还需要通过对师生关系的调节来构建一种融洽和谐的教学氛围。在这种氛围中，教师与学生之间建立起平等的关系，彼此之间充满信任和尊重。教师应当充分发掘学生的优点，并给予适当的引导和鼓励，以增强学生的学习兴趣和自信心。在这样的教学环境中，学生会更加愿意参与到教学活动中，积极思考和探索问题，从而达到更好的学习效果。

2. 互动式教学法在大学语文教学中的合理性

在大学语文教学中，采用互动式教学法具有显著的合理性和必要性。首先，大学语文教学的特点决定了互动式教学法的可行性。大学语文教学不仅注重知识传授，更强调学生的语言运用能力和综合素养的培养。由于语文学科的应用性和工具性特点，学生需要通过对已学知识的反复实践和运用来掌握语言技能和文学素养。互动式教学法可以促使学生在教学活动中积极参与、实践运用所学知识，从而更好地理解和掌握语文内容。

其次，互动式教学法在大学语文教学中具有必要性。大学语文教学不仅要传授语言知识，更要培养学生的语言表达能力、批判性思维和人文素养。采用互动式教学法可以促使学生更加主动地参与学习过程，通过讨论、辩论、合作等方式，提高学生的语言表达能力和批判性思维能力，培养学生的合作意识和团队精神。同时，互动式教学法能够激发学生的学习兴趣和积极性，使他们更加热爱学习语文，进而提高学习效果和质量。

（二）互动式教学在大学语文教学中的应用

1. 课前互动

课前互动在教学活动中扮演着至关重要的角色，其设计的质量和效果直接影响着整节课的进行和学生的学习效果。针对互动式教学模式，在准备课前互动环节时，教师应充分考虑学生的实际情况，结合课程内容和学生的学习需求，设计多样化的互动方式和情景，以激发学生的学习兴趣和主动性。

第一，教师应根据教学目标和内容的特点，设计合适的互动环节。在课前，可以通过引发学生对课程内容的思考和预习，让学生提前进入学习状态。例如，可以通过提出引人思考的问题、分享相关故事或视频等方式，激发学生的好奇心和求知欲，引起他们对课程内容的关注和思考。

第二，教师可以在课前设计一些互动性强、参与度高的活动，如角色扮演、小组讨论等，以促进学生之间的交流和合作。通过角色扮演，学生可以更深入地理解课程内容，并从不同角度思考问题；而小组讨论则能够促进学生之间的思想碰撞和信息交流，有助于拓展学生的思维广度和深度。

第三，教师还可以利用现代技术手段，设计一些具有互动性的课前预习任务，如在线讨论、网络问答等。通过这些方式，学生可以在课前就开始思考和讨论相关问题，为课堂上的深入学习做好准备，并且可以通过网络平台进行学习资源的共享和交流，提高学习效率和学习兴趣。

综合来看，课前互动是促进学生参与、提高学习效果的重要手段。教师应根据教学实际情况和学生的需求，设计多样化、具有针对性的互动环节，以激发学生的学习热情，提高他们的学习主动性和参与度，进而达到提高教学效果的目的。

2. 课中互动

课中互动在教学活动中扮演着至关重要的角色，它是师生共同参与的动态发展过程，与教学目标密切相关。在互动式教学方法中，课中的互动环节不仅能够促进师生之间的交流和合作，还可以激发学生之间的合作与竞争，提高学生的学习积极性和主动性。

（1）师生互动是课堂互动的核心

通过师生之间的互动交流，可以更好地促进教学内容的理解和消化。教师可以通过提问、讲解、引导等方式与学生进行互动，帮助他们理解课程内容，激发他们的思考和探索欲望，从而提高学习效果。

（2）学生之间的互动也是课堂互动中的重要环节

学生之间的互动可以促进彼此之间的学习交流和合作，通过小组讨论、合作探究等方式，学生可以共同解决问题、分享思考和经验，加深对课程内容的理解和记忆，提高学习效果。

（3）多媒体设备在课堂互动中发挥着越来越重要的作用

教师可以利用多媒体设备设置教学情景，呈现丰富的教学资源，为学生提供直观、生动的学习体验；而学生则可以通过多媒体设备获取信息资源，进行学习资料的收集和整理，从而更好地理解和应用所学知识。

3. 课后互动

课后互动作为课堂教学过程的延伸，具有重要的教学意义。在课堂教学结束后，通过课后互动，教师可以对学生所学知识进行进一步的强化和巩固，帮助他们解决学习中遇到的问题，提高学生的学习效果和成绩。

一是，课后互动是对课堂教学的延续和巩固。在课后，学生可以通过复习课堂内容、解决疑惑、完成作业等方式对所学知识进行进一步的消化和理解。而教师则可以通过布置作业、提供参考资料、答疑解惑等方式对学生的学习进行指导和引导，巩固学生的学习成果，使之更加深入。

二是，课后互动有助于提高师生之间的友好关系。通过课后的互动交流，学生可以感受到教师的关心和支持，增强对教师的信任和认同，从而建立起良好的师生关系。同时，教师也可以更加了解学生的学习情况和需求，为个性化的教学提供基础和支持。

通过设立网络课堂的方式，可以进一步拓展课后互动的形式和内容。学生可以借助网络平台进行讨论、交流和学习资源的共享，打破时间和空间的限制，实现随时随地的学习。而教师也可以通过网络平台发布教学资料、布置作业、答疑解惑等，提供更加便捷和高效的教学服务，进一步促进师生之间的互动和交流。

课后互动对于促进学生学习、提高教学效果、加强师生关系等方面都具有重要意义。因此，在教学实践中，教师应该重视课后互动的组织和指导，为学生提供更加全面和个性化的学习支持，推动教学工作的深入开展。

三、实践性教学活动

（一）实践教育的设计原则

实践教育的设计需要考虑以下原则：

1. 职业相关性

实践教育项目应该与学生未来的职业领域密切相关。这意味着教育者必须了解学生的职业兴趣和目标，以便设计与之相关的实践项目。实践经验应当能够为学生提供在职场中所需的技能、知识和经验。例如，如果学生正在接受餐饮管理的培训，实践项目可以包括餐厅管理、食品安全、客户服务等与餐饮业相关的内容。

2. 教学与实践的融合

实践教育项目应当将课堂教学与实际操作相结合。学生需要通过理论知识的教授和实际操作的训练相互支持，从而更好地理解和应用所学内容。这种融合可以确保学生不仅具备理论知识，还能够将其转化为实际技能和行为。例如，在医疗领域的实践教育中，学生可以通过课堂学习了解医学知识，然后在医院进行实际的临床实践，将所学知识应用于病人护理。

3. 导师指导

实践教育通常需要学生在实际场景中进行操作和应用。在这个过程中，学生需要有导师的指导和监督，以确保他们的实践活动符合要求，并获得及时的反馈。导师可以是学校的教师、行业专家或在职从业者，他们的角色是指导学生并分享他们的经验和知识。导师的存在有助于学生更好地理解实践教育项目的要求，并提供支持和指导。

4. 反思和总结

学生在实践教育中应该被鼓励进行反思和总结。这意味着他们需要定期回顾他们的实践经验，识别自己的优点和不足，并提出改进建议。反思和总结有助于学生更好地理解自己的学习和成长，同时也有助于他们将实践经验转化为有意义的学习。

5. 责任与自主

实践教育项目应当鼓励学生承担一定的责任，并具备自主学习的能力。学生需要能够自主规划和管理他们的实践活动，同时也需要承担项目中的责任。这有助于培养学生的自主性、创新性和解决问题的能力。例如，在实习项目中，学生可能需要自主完成一系列任务，如时间管理、任务分配和问题解决。

（二）实践教育的应用领域

实践教育可以应用于多个领域，包括但不限于以下几个领域：

1. 职业技能培训

（1）实际工作技能

实践教育在培养学生职业技能方面发挥着关键作用。以下是实践教育课程如何有助于学生获得实际工作所需的技能：

第一，写作技能。在职场中，书面沟通是至关重要的。学生通过实践教育可以学会撰写专业文档，如报告、业务信函和电子邮件。他们将了解如何组织信息、表达清晰的思想和使用适当的商业术语。

第二，口头表达能力。良好的口头表达能力对于在会议上发表观点、与客户和同事交流至关重要。实践教育通过模拟演讲、团队讨论和角色扮演活动，帮助学生提高口头表达技巧，包括语调、语速和表达自信。

第三，协作与团队合作。在职场中，能够有效地协作是关键素质。实践教育通过模拟团队项目和合作任务，培养学生的团队协作技能，包括沟通、决策共识和解决冲突。

第四，时间管理。良好的时间管理对于处理多项任务和满足工作期限至关重要。学生将学习如何制订工作计划、设定优先级、合理分配时间，并有效地管理任务。

（2）行业特定技能

实践教育还提供了学习和发展特定行业技能的机会。以下是如何通过实践教育培养与特定行业或职业领域相关的技能：

第一，数字营销技能。随着数字时代的到来，数字营销技能变得至关重要。实践教育可以提供关于社交媒体管理、搜索引擎优化（SEO）、在线广告和分析的培训，以满足数字营销领域的需求。

第二，软件开发技能。对于计算机科学和软件开发领域的学生，实践教育可以包括编程技能的培训，如编写代码、开发应用程序和测试软件。

第三，餐饮管理技能。餐饮和酒店管理领域需要学生掌握特定的技能，如餐厅运营、食品安全管理和客户服务。实践教育可以提供实际餐饮场所的管理和运营经验。

2.行业研究和调查

（1）市场研究

实践教育为学生提供了参与市场研究项目的机会，这对于了解市场需求、竞争分析和目标受众至关重要。以下是如何通过实践教育进行市场研究：

第一，市场需求分析。学生可以学习如何识别和评估市场需求。他们将研究消费者行为、市场趋势和产品竞争情况，以确定市场上的机会和挑战。

第二，竞争分析。通过实际项目，学生将学习如何分析竞争对手。这包括研究竞争公司的产品、定价策略、市场份额和营销活动，以制订竞争策略。

第三，目标受众研究。学生将了解如何确定和定义目标受众。他们将学会使用调查、市场调研和数据分析工具，以更好地了解受众的需求和偏好。

第四，数据收集和分析。实践教育将培养学生的数据收集和分析技能。他们将学会设计调查问卷、收集数据，并使用统计工具和软件进行数据分析，从而为市场研究提供可靠的结果。

（2）行业趋势分析

实践教育还为学生提供了深入了解各个行业发展趋势和未来机会的机会。以下是如何通过实践教育进行行业趋势分析：

第一，市场趋势研究。学生将了解如何跟踪并分析行业内的市场趋势。他们将研究新技术、消费者需求、法规变化和竞争态势，以预测未来的市场发展。

第二，机会评估。通过实际项目，学生可以评估不同行业领域的机会。他们将学会识别新兴市场、投资机会和创新领域，为未来的职业决策提供有力支持。

第三，行业研究报告。学生可以撰写行业研究报告，总结行业的当前状况和未来趋势。这有助于他们深入了解所选择的行业，并为未来的职业规划提供重要信息。

第四，行业专家交流。实践教育还为学生提供与行业专家和从业者互动的机会。这种交流有助于学生了解行业内部情况，获取实用的建议和见解。

3. 职业实习和实训

（1）实际工作体验

实践教育为学生提供了宝贵的实际工作体验，这对于他们将理论知识应用于实际情境中并培养职业技能至关重要。以下是实际工作体验的重要方面：

第一，亲身体验工作环境。学生通过参与职业实习和实训项目，有机会亲身了解工作环境和职场文化。这有助于他们适应未来的职业生活，减少初入职场时的不适感。

第二，与同事合作。实践教育鼓励学生与同事合作，参与团队项目。这锻炼了他们的协作和团队合作技能，培养了解决问题的能力。

第三，解决实际问题。学生在实际工作中将面临各种挑战和问题，这些经历帮助他们锻炼解决问题和创新的能力。他们可以将所学知识应用于实际情境，找到解决方案。

第四，职业技能培训。实践教育项目通常包括职业技能培训，如专业写作、客户沟通、项目管理等。这些技能在职场中至关重要，学生通过实践获得了宝贵的经验。

（2）建立职业网络

实践教育还为学生提供了建立职业网络的机会，这对于职业发展至关重要。以下是建立职业网络的关键方面：

第一，与业内专业人士互动。学生可以通过实习和实训项目与业内专业人士建立联系。这些专业人士可以成为导师，向学生提供指导和建议，帮助他们更好地了解职业领域。

第二，参与行业活动。学生可以参加行业研讨会、展会和会议，这些活动提供了与同行互动的机会。这有助于他们扩大职业圈子，结识潜在雇主和合作伙伴。

第三，实际项目经验。通过参与实际项目，学生可以展示他们的能力和专业素养。这有助于他们在职场中建立声誉，并为将来的职业机会做好准备。

第四，职业导师。学生可以与导师建立联系，寻求职业建议和指导。导师可以分享他们的职业经验，帮助学生规划职业发展道路。

4.实际项目管理

（1）项目管理技能的重要性

项目管理技能对于学生和职场人士来说都是至关重要的，它们有助于确保项目按计划进行，高效完成，同时也有助于培养学生的领导力、沟通能力和问题解决能力。以下是项目管理技能的重要性：

第一，项目计划。学会制订详细的项目计划，包括项目目标、任务分配、时间表、资源需求等，有助于提前发现潜在问题，减少项目风险。

第二，帮助学生学会合理安排时间和资源，提高工作效率，确保项目按时完成。

（2）预算管理

预算管理在实践教育中扮演着重要的角色，它培养学生制订和管理项目预算的关键技能，有助于控制成本，防止超支，并提高学生的财务管理能力。

第一，控制成本。实践教育教授学生如何制订详细的项目预算，这有助于确保项目的各个方面都得到充分考虑。学生学会估算各种费用，包括人力资源、材料、设备和其他开支。通过这种方式，他们可以更好地控制成本，避免不必要的开支，确保项目按计划进行。

第二，防止超支。在实践教育中，学生不仅学会如何制订预算，还学会如何监督和管理预算的执行。这包括定期审查实际开支，并与预算进行比较。如果出现偏差，学生需要采取纠正措施，以防止超支。这种实践使他们养成了负责任的财务管理习惯。

第三，有限预算内完成项目。实践教育强调在有限的资源下完成项目的重要性。学生了解到，项目的成功不仅仅取决于成果，还取决于在预算内完成。这种经验有助于他们在职场中更好地管理资源，确保项目的可持续性。

第四，培养财务管理能力。预算管理是财务管理的一部分，学生通过实践教育培养了财务管理的关键能力。他们学会了解财务数据，分析成本结构，并做出基于数据的决策。这种能力在职业生涯中非常有价值，无论是在管理项目、部门还是整个组织方面。

（3）进度监控

进度监控在实践教育中扮演着至关重要的角色，它教导学生如何有效地监测项目的进展，及时发现问题，并采取必要的纠正措施，以确保项目不偏离轨道。

第一，项目进展的有效监控。实践教育强调项目管理中的实际操作，学生在实际项目中负责监控任务和时间表的执行。他们学会了如何设置关键里程碑、制订进度计划、跟踪任务进度和识别潜在的延误。这有助于他们更好地了解项目的整体健康状况，确保项目按计划推进。

第二，及时发现问题。通过实际项目的监控，学生培养了及时发现问题的能力。他们学会了分析数据、检测潜在的风险因素，并预测可能的问题。这种敏锐的问题识别能力对于职业生涯中的成功至关重要，因为它有助于在问题变得不可控之前采取纠正措施。

第三，灵活适应变化。实践教育还鼓励学生在变化不断的项目环境中灵活适应。他们学会了调整计划、重新分配资源，并制订备用方案以适应新的情况。这种适应性是职业生涯中的关键素质，因为在实际工作中经常会面临变化和不确定性。

第四，培养决策能力。进度监控不仅涉及问题的识别，还涉及制订决策。学生需要学会根据项目的需求和优先级，做出明智的决策，以确保项目顺利完成。这培养了他们的决策能力和领导能力。

第四章　高职语文评估与反馈

第一节　教学评估的意义和方法

一、教学评估的意义

（一）提高教学质量

教学评估是高职语文教学中提高教学质量的重要手段之一。通过评估教学过程和教学效果，可以发现教学中存在的问题和不足，及时调整教学方法和策略，以提升教学质量。具体包括：

1. 发现问题

教学评估能够帮助教师及时发现教学中存在的问题，包括教学方法不当、教学内容不够清晰、学生理解困难等，从而有针对性地进行改进和调整。

2. 改进教学：

通过评估结果，教师可以深入分析问题的原因，探索适合学生特点和教学环境的教学方法，提高教学效果和学习成效。

3. 持续提升教学评估是一个持续性的过程，通过不断地评估和改进，教师可以逐步提高教学质量，实现教学的持续改进和发展。

（二）促进教师专业成长

教学评估有助于促进教师的专业成长和教学水平的提高。通过评估自己的教学过程和效果，教师能够更客观地认识自己的教学优势和不足，具体包括：

1. 认识不足：

教学评估能够帮助教师认识到自己的教学不足之处，如教学方法不够多样化、教学内容不够深入等，从而引导教师思考改进的方向。

2.调整策略

教学评估结果能够启发教师思考更有效的教学策略和方法，培养教师的创新意识和解决问题的能力。

3.提高水平

通过不断地调整和改进教学，教师可以提高自己的教学水平，增强教学的吸引力和影响力，实现教师专业成长。

（三）满足学生需求

教学评估有助于了解学生的学习情况和需求，从而更好地满足学生的学习需求，提高学生学习效果和学习满意度。具体包括：

1.了解学情

通过评估学生的学习情况，教师可以了解学生的学习水平、学习兴趣和学习需求，为后续的教学提供参考依据。

2.调整教学

根据评估结果，教师可以调整教学内容和方法，使其更贴近学生的实际情况和学习需求，提高教学的针对性和有效性。

3.学习效果

教学评估有助于提高教学质量和教学效果，从而增强学生的学习兴趣和学习动力，提高学生的学习效果和学习满意度。

二、教学评估的方法

（一）定性评估

1.观察法

观察法是一种直接观察和记录教学过程中师生互动、学生表现等情况的方法。其主要步骤和特点包括：

观察对象：教学过程中的师生互动、学生学习状态、教学环境等。

观察内容：包括教师的教学行为、学生的学习态度和表现、教学资源利用等方面。

观察方法：可以通过直接参与课堂、录制视频、拍摄照片等方式进行观察记录。

观察记录：记录教学过程中的关键环节、互动情况、学生表现等，可采用文字描述、图片、视频等形式。

观察法的优势在于直观、客观，能够深入了解教学过程中的具体情况和问题，为教学改进提供有效的参考。

2.访谈法

访谈法是通过与教师、学生进行面对面或电话等方式的交流和深入访谈，了解他们对教学内容、教学方法以及学习效果的看法和感受。其主要特点包括：

访谈对象：教师、学生或其他相关人员。

访谈内容：包括对教学内容、教学方法、学习体验等方面的主观感受和评价。

访谈方法：可以采用个别访谈、小组讨论、问卷调查等形式进行。

访谈记录：记录访谈过程中的关键信息和意见，包括文字记录、录音、摄像等方式。

访谈法能够深入了解参与者的主观感受和看法，为教学评价提供更加全面和深入的信息。

（二）定量评估

1.问卷调查

问卷调查是一种常用的定量评估方法，通过向学生或教师发放设计好的问卷，收集他们的意见和反馈，对教学过程和效果进行量化分析。其主要特点包括：

问卷设计：设计问题涵盖教学内容、教学方法、学习体验等方面，确保综合考量教学的各个方面。

样本选择：根据需要确定问卷调查的对象，可以是所有学生、特定年级或班级的学生，或者教师群体。

数据收集：发放问卷并收集回收，确保数据来源的全面性和代表性。

数据分析：对问卷收集的数据进行统计和分析，计算得出各项指标的得分和评价。

问卷调查能够收集到大量的反馈信息，对教学过程和效果进行客观评估，并且可以比较不同群体之间的差异，为教学改进提供参考依据。

2.测试

测试是一种客观评价学生知识水平和能力水平的方法，包括笔试、口试、实验等多种形式。其主要特点包括：

测试设计：根据教学内容和教学目标设计不同形式的测试题目，确保涵盖到教学内容的各个方面。

测试实施：安排学生参加测试，按照统一的程序和规定进行测试，保证测试过程的公平和客观性。

成绩评定：对测试结果进行评分和分析，得出学生的得分和水平，为学生的学习提供反馈和指导。

测试能够客观地评价学生的学习成绩和能力水平，为教师和学生提供及时的反馈和指导，促进学生的学习进步。

（三）自我评估

自我评估在教学实践中扮演着至关重要的角色。教师通过对自己的教学过程进行反思和总结，以达到对教学效果进行评估的目的。这一过程并非仅仅是简单的自我检查，而是一种深度思考和反思的过程，涉及课堂反应、学生表现以及教学方法等多个方面。

1.会对课堂反应进行自我评估

他们会审视课堂氛围是否活跃，学生是否参与度高，是否能够积极互动。通过观察学生的表情、姿态以及言行举止，教师能够感知到学生的学习状态和情绪变化。这种自我评估有助于教师了解自己的教学效果是否能够吸引学生的注意力，是否能够激发学生的学习兴趣，进而指导他们进行相应的调整和改进。

2.会对学生的表现进行自我评估

他们会关注学生的学习态度、学习动力以及学习成绩等方面。通过观察学生的学习情况和学业表现，教师能够了解到自己的教学是否能够有效地促进学生的学习，是否能够满足学生的学习需求。这种自我评估有助于教师及时发现学生存在的问题和困难，从而针对性地调整教学策略，提供更加有效的教学帮助。

3.教师会对自己采用的教学方法进行自我评估

他们会审视自己在教学过程中所采用的教学手段、教学资源以及教学策略是否合适，是否能够达到预期的教学效果。通过对教学方法的反思和总结，教师能够发现其中存在的不足和改进空间，进而探索更加适合学生学习需求的教学方法和策略。

（四）同行评估

同行评估作为一种教师专业发展的重要方式，在教育领域中扮演着至关重要的角色。它不仅可以帮助教师发现自身的教学盲点和不足，还能够通过与其他教师的交流和互动，汲取他们的经验和教训，进而提升自己的教学水平。

在同行评估的过程中，教师之间会相互观摩彼此的课堂教学。通过观摩其他教师的教学实践，教师们可以借鉴和学习到不同的教学方法、策略和技巧。这种跨越学科和年级的教学互动，有助于拓宽教师的教学视野，提升他们的教学能力和水平。

除了观摩课堂教学，同行评估还包括教师之间的交流和反馈。在交流的过程中，教师们可以分享自己的教学心得和经验，讨论教学中遇到的问题和挑战，寻求解决方案和改进措施。这种经验分享和信息交流，有助于建立起教师之间的互助合作关系，共同探讨教育教学的最佳实践，从而提高整体教学水平。

在同行评估的过程中，教师们不仅可以从其他教师身上学到新的教学技巧和方法，还能够接受来自同行的建设性反馈。通过听取他人的意见和建议，教师们能够客观地审视自己的教学实践，发现自身存在的问题和不足，进而进行针对性的改进和提升。这种互相借鉴和共同成长的过程，不仅有利于个体教师的专业发展，也有助于整个教育系统的不断完善和提高。

（五）学生评估

学生评估是教学评估中的一个重要环节，通过收集学生的反馈意见，可以更全面地了解教学效果和学生的学习体验，从而及时调整教学策略，提高教学质量。学生评估通常包括口头反馈和书面反馈两种方式。

口头反馈是学生直接在课堂上对教学内容和教学方法进行的反馈。教师可以在课堂上提问学生对课程内容的理解和反馈意见，也可以邀请学生就课程设计、教学方式等方面进行意见交流。通过与学生的互动，教师可以了解学生的学习情况和反应，及时发现问题，进行调整和改进。

另一种方式是书面反馈，通常通过设计问卷调查或反馈表格的形式进行。学生可以在课后或学期末填写问卷，就课程内容、教学方式、教师表现等方面进行评价和反馈。这种方式能够让学生更加自由地表达自己的看法和建议，有助于教师全面地了解学生的需求和期望。

学生评估的意义在于它能够直接反映教学效果和学生体验，有利于教师及时调整教学策略，更好地满足学生的学习需求。通过学生的反馈意见，教师可以了解到哪些教学内容和方式更受学生欢迎，哪些方面需要改进和加强。同时，学生评估还能够促进教师和学生之间的沟通与互动，建立良好的师生关系，提高教学效果和学习体验。

第二节　高职语文评估工具和标准

一、高职语文评估工具

高职语文评估工具是确保教学质量和学生学习效果的重要手段，其多样性和全面性有助于全面了解学生的语文水平和能力。以下是几种常用的高职语文评估工具：

（一）学习笔记

1. 纸质笔记

纸质笔记在高职语文评估中扮演着重要的角色。学生通过手写记录课堂内容，不仅可以加深对知识点的理解，还能提高记忆效果。在笔记中，学生通常会记录下教师讲解的重点内容、案例分析以及自己的理解和感悟。这种记录方式不仅反映了学生对课程内容的掌握程度，还能够展现学生的学习态度和认真程度。此外，纸质笔记也是一种传统的学习方式，它能够培养学生的书写能力和思维逻辑能力，有助于提高学生的学习效果和学习质量。

2. 电子笔记

随着科技的发展，电子笔记在高职语文评估中逐渐受到重视。学生可以利用各种电子设备记录课堂内容，包括平板电脑、笔记本电脑等。相比于传统的纸质笔记，电子笔记具有更多的优势。首先，电子笔记可以实现内容的多样化呈现，学生不仅可以输入文字，还可以插入图片、图表、链接等多媒体元素，丰富了笔记的内容形式，提高了学习的趣味性和效果。其次，电子笔记还具有便捷性和易于管理的特点，学生可以随时随地进行笔记记录，并且可以通过云端存储进行备份和分享，方便学生之间的交流和合作。另外，电子笔记还可以利用搜索功能快速定位和查找信息，提高了学习的效率和便利性。

3. 思维导图

思维导图作为一种常用的学习工具，在高职语文评估中也发挥着重要作用。学生通过制作思维导图，可以将课堂内容以图形化的形式呈现出来，清晰地展现知识点之间的逻辑关系和结构框架。思维导图不仅能够帮助学生更好地理清知识结构，还能够促进学生对知识的深层次理解。在制作思维导图的过程中，学生需要对所学知识进行归纳和总结，提炼出核心要点，并将其组织成逻辑清晰、层次分明的结构，这有助于加深对知识的理解和记忆。此外，思维导图还可以激发学生的创造力和想象力，培养其思维的发散性和整合性，有助于提高学生的学习能力和创新能力。

4.互动笔记

互动笔记作为一种学习方式，在高职语文评估中具有重要意义。学生在纸质或电子笔记的基础上进行批注、评论，与老师和同学进行互动交流，共同完善笔记内容。这种互动方式不仅可以促进学生之间的交流和合作，还能够促进思想碰撞和知识共享，丰富了学习的过程和内容。通过与他人的交流和讨论，学生可以获取不同的观点和见解，拓宽自己的思维视野，加深对知识的理解和掌握。同时，互动笔记还可以促进学生的批判性思维和创造性思维，培养其分析问题和解决问题的能力，有助于提高学生的学习水平和综合能力。

（二）作业和考试

1.课堂作业：

（1）课后习题

课后习题作为课堂作业的一种形式，通常由教师布置给学生，旨在巩固课堂所学知识，帮助学生加深理解和掌握。这些习题可以涵盖课堂讲解的主要内容，也可以拓展到相关的延伸知识点。学生通过完成课后习题，可以巩固所学知识，加强对知识点的记忆和理解，提高解决问题的能力。

（2）课堂练习

课堂练习是指在课堂上由教师布置的练习活动，旨在帮助学生在课堂时间内进行知识的巩固和强化。这些练习通常与当堂所学内容密切相关，可以通过个人或小组完成。课堂练习的形式多样，可以是填空题、选择题、解答题等，也可以是小组讨论、案例分析等活动。通过课堂练习，学生不仅可以加深对知识点的理解，还可以培养解决问题的能力和团队合作精神。

2.期中考试

（1）考试形式

期中考试是在学期中进行的考试，通常涵盖了前半学期所学内容，是对学生学习情况进行全面检测的重要方式。考试形式可以包括笔试、口试或者组合形式，根据教学需要和学生实际情况进行设计。考试内容覆盖了课堂讲解的重点知识点、案例分析、应用题等，旨在考查学生对课程内容的理解程度和掌握情况。

（2）评价标准

期中考试的评价标准通常包括考试成绩、知识掌握情况、解决问题的能力等方面。教师根据考试结果对学生进行评价和反馈，帮助他们发现学习中存在的问题，并制订相应的改进措施。同时，期中考试还可以作为学生学习情况的重要参考依据，为后续教学工作提供指导和支持。

3. 期末考试

（1）考试范围

期末考试是学期结束前进行的考试，覆盖了整个学期的教学内容，是对学生学习成果进行总结和评估的重要环节。考试范围通常包括了课堂所学的全部知识点，以及相关的延伸和应用内容。学生需要在考试中展示对知识点的全面理解和掌握情况。

（2）应对策略

为了应对期末考试，学生需要提前进行复习和准备。他们可以通过整理笔记、复习课本、做题练习等方式来加强对知识点的掌握。此外，还可以参加模拟考试或者组织复习小组进行交流讨论，提高复习效率和复习质量。在考试中，学生需要注意时间的合理安排，认真审题，准确把握答题要求，力争发挥出自己的水平和潜力。

4. 开放性作业

（1）设计原则

开放性作业是指具有一定开放性的作业题目，鼓励学生展开思考，提出自己的见解和观点，培养其独立思考和创新能力。在设计开放性作业时，教师需要考虑学生的实际水平和学习需求，选择与课程内容相关、能够引发学生兴趣和思考的题目。作业题目应该具有一定的开放性和灵活性，能够激发学生的思维，引导他们展开深入的探讨和分析。

（2）评价方式

开放性作业的评价方式通常包括作业内容的原创性、逻辑性、表达能力等方面。教师可以根据学生的作业表现，评价其对问题的分析能力、解决问题的能力以及创新思维等方面的水平。同时，也可以通过学生之间的交流和讨论，促进知识的共享和碰撞，提高作业的学术质量和学习效果。

（三）口头表达

1. 小组讨论

（1）讨论主题的选择

在安排小组讨论时，教师应该精心选择讨论主题，确保与课程内容相关，并具有一定的深度和广度。讨论主题可以涵盖课堂所学知识、社会热点问题、学术观点分析等方面，既能激发学生的兴趣，又能拓展他们的思维空间。通过讨论不同主题，可以促进学生思维的开阔和观点的碰撞，培养其批判性思维和逻辑思维能力。

（2）讨论过程的引导

在进行小组讨论时，教师应该及时给予指导和引导，确保讨论的顺利进行和有效展开。教师可以提供相关资料或者问题引导，激发学生的思考和讨论热情；还可以设定时间限制，促使学生集中精力，高效完成讨论任务。同时，教师还应该注意引导学生进行理性、文明的讨论，尊重不同观点，倡导团队合作精神，使每个成员都能够充分发挥自己的潜力和能力。

（3）讨论结果的评价

小组讨论结束后，教师需要对讨论结果进行评价和总结。评价的内容可以包括讨论的深度和广度、学生的表达能力和逻辑思维能力、团队合作的效果等方面。通过评价结果，可以及时发现学生的不足之处，为他们提供改进和提高的建议；同时也可以肯定学生的优点和成绩，激励他们继续努力，提高口头表达能力和团队合作能力。

2. 口头展示

（1）演讲主题的确定

在要求学生进行口头展示时，教师需要确定合适的演讲主题，确保与课程内容相关，并具有一定的挑战性和吸引力。演讲主题可以包括个人经历分享、学术观点阐述、社会问题探讨等方面，既能展现学生的个性特点，又能展示其学术水平和思维能力。演讲主题的选择应该灵活多样，考虑到学生的实际情况和兴趣爱好，充分调动他们的积极性和创造性。

（2）演讲技巧的培养

在进行口头展示之前，教师可以对学生进行演讲技巧的培训和指导，帮助他们提高语言表达能力、自信心和演讲技巧。培养学生良好的演讲习惯，如语言流畅、声音洪亮、姿势自然、眼神交流等，提高演讲的效果和吸引力。同时，教师还可以组织学生之间的互相评价和反馈，促进他们在实践中不断改进和提高。

（3）演讲成果的评价

口头展示结束后，教师需要对学生的演讲成果进行评价和反馈。评价的内容可以包括演讲内容的丰富度和深度、语言表达的流畅度和准确度、演讲技巧的灵活运用等方面。通过评价结果，可以及时发现学生存在的问题，为他们提供改进和提高的建议；同时也可以肯定学生的努力和进步，激励他们继续保持良好状态，不断提高口头表达能力和演讲技巧。

3. 角色扮演：

（1）情景模拟的设计

在设计角色扮演活动时，教师需要精心设计情境，确保与课程内容密切相关，并具有一定的情感和挑战性。情景模拟可以涵盖生活场景、职业场景、社会问题等方面，既能展示学生的语言运用能力，又能培养其情感表达和人际交往能力。教师可以根据学生的实际情况和兴趣爱好，选择合适的角色扮演任务，让学生在情境中尽情发挥想象力和创造力。

（2）角色扮演的指导

在进行角色扮演活动时，教师可以给予学生一定的角色指导和情境介绍，帮助他们更好地理解和入戏。教师可以提供相关背景资料和角色介绍，让学生了解角色的特点和任务要求，使其能够更加自然地扮演角色，展现出真实的情感和表达。同时，教师还可以引导学生进行情感交流和角色互动，促进情景模拟的真实感和逼真度。

（3）角色扮演成果的评价

角色扮演活动结束后，教师需要对学生的表现进行评价和反馈。评价的内容可以包括角色扮演的表现是否真实自然、语言运用的流畅度和准确度、情感表达的真实度和逼真度等方面。通过评价结果，可以及时发现学生存在的问题，为他们提供改进和提高的建议；同时也可以肯定学生的表现和努力，激励他们保持良好状态，不断提高口头表达能力和情感表达能力。

（四）项目作品

1. 作文

（1）作文题目的选择

作文题目应该涵盖不同类型，如议论文、记叙文、说明文等，以全面评估学生的文笔功底和表达能力。议论文可以让学生展示自己的观点和论证能力，记叙文则可以考查学生的叙事技巧和情感表达能力，而说明文则着重于学生对事物的描述和解释能力。选择合适的作文题目可以激发学生的写作兴趣，促进其思维深度和广度的拓展。

（2）写作过程的指导

在学生进行作文写作时，教师可以给予适当的指导和引导，帮助他们理清写作思路，提高写作效率和质量。可以通过分步骤的写作指导，如选题、构思、写作、修改等，让学生逐步完善作文内容，确保表达准确清晰，逻辑严谨，内容丰富生动。同时，教师还可以提供范文或者写作技巧，让学生有所借鉴和参考，进一步提高写作水平和表达能力。

（3）作文成果的评价

作文完成后，教师需要对学生的作文进行评价和反馈。评价的内容可以包括文章结构的合理性、语言表达的准确性、逻辑思维的严谨性、观点表达的独特性等方面。通过评价结果，可以及时发现学生存在的问题，为他们提供改进和提高的建议；同时也可以肯定学生的努力和成绩，激励他们继续保持良好状态，不断提高写作能力和表达能力。

2. 演讲稿

（1）演讲主题的选择

在要求学生撰写演讲稿时，教师需要选择合适的主题，既能够引发学生的兴趣，又具有一定的社会价值和学术深度。演讲主题可以涵盖当前社会热点问题、学术研究领域、个人经历分享等方面，既能展现学生的个性魅力，又能提高他们的学术素养和社会责任感。演讲主题的选择应该与课程内容相关，并能够激发学生思考和探索的欲望。

（2）演讲稿的撰写

学生在撰写演讲稿时，需要结合演讲主题，明确论点和论据，合理安排文章结构，确保内容连贯、逻辑清晰。演讲稿要求言之有物，情感充沛，语言生动，能够吸引听众的注意力，产生共鸣。同时，学生还需要注意控制演讲时间，适当运用修辞手法和语言技巧，增强演讲效果和说服力。

（3）演讲成果的评价

演讲结束后，教师需要对学生的演讲成果进行评价和反馈。评价的内容可以包括演讲内容的丰富度和深度、语言表达的流畅度和准确度、演讲技巧的运用等方面。通过评价结果，可以及时发现学生存在的问题，为他们提供改进和提高的建议；同时也可以肯定学生的表现和努力，激励他们继续保持良好状态，不断提高口头表达能力和演讲技巧。此外，对于演讲稿的评价还应包括对主题的深度理解和情感表达能力的考量，以确保学生能够通过演讲真实地传达自己的思想和情感。

3. 研究报告

（1）研究主题的确定

在要求学生撰写研究报告时，教师需要确定合适的研究主题，既能够符合课程要求，又具有一定的学术深度和研究价值。研究主题可以涵盖当前社会问题、学科前沿领域、专业技术知识等方面，既能激发学生的学术兴趣，又能培养其科学研究和论文撰写能力。研究主题的选择应该具有一定的挑战性和探索性，能够激发学生的研究热情，拓宽其研究视野。

（2）研究报告的撰写

学生在撰写研究报告时，需要进行系统的信息收集和整合，准确理解研究主题，合理构建研究框架，展开论述和分析。研究报告要求具有科学性、客观性和权威性，必须遵循学术规范和论文写作格式，确保内容的准确性和严谨性。同时，学生还需要注重论文的语言表达和逻辑结构，确保文章的清晰连贯，能够吸引读者的注意力和认同。

（3）研究成果的评价

研究报告完成后，教师需要对学生的研究成果进行评价和反馈。评价的内容可以包括研究主题的选择和界定是否合理、信息收集和整合的全面性和准确性、论文结构和语言表达的质量等方面。通过评价结果，可以及时发现学生存在的问题，为他们提供改进和提高的建议；同时也可以肯定学生的努力和成绩，激励他们继续保持良好状态，不断提高科研能力和论文写作水平。

二、评估标准

评估标准对于高职语文教学至关重要，它可以帮助教师全面了解学生的学习情况，指导教学实践，促进学生的全面发展。以下是针对高职语文教学的评估标准：

（一）知识掌握

知识掌握是评估学生语文水平的重要方面，主要包括词汇量、语法知识和修辞手法等内容。

词汇量是学生语文能力的基础，它反映了学生对单词的理解和掌握程度。评估学生的词汇量时，需要考察其对基础词汇和扩展词汇的掌握情况。基础词汇是日常生活和学习中常见的单词，而扩展词汇则是更加深入和专业的词汇，包括各种主题和领域的专业术语。通过对学生在阅读、听力和写作等方面的表现进行评估，可以了解其词汇量的情况，并针对性地进行教学辅导和提升。

语法知识是学生构建语言表达能力的重要基础,它涉及句法结构、语法规则等方面。评估学生的语法知识时,需要考察其对语言基本结构和规则的掌握程度,包括句子的构成、词类和句型结构等方面。通过分析学生在语言表达中的错误和不足,可以发现其语法知识的薄弱环节,并针对性地进行强化和训练。

修辞手法是学生语言表达的一种重要技巧,它能够丰富语言表达方式,增强语言的表现力和感染力。评估学生对修辞手法的理解和应用能力时,需要考察其对比喻、排比、拟人等修辞手法的掌握情况,以及在实际语言表达中的应用能力。通过分析学生的语言表达是否生动、富有感染力,可以评估其修辞手法的运用情况,并指导学生进一步提升语言表达的技巧和水平。

（二）能力培养

1.语言表达能力

（1）口头表达能力

评估学生在口头交流中的表达能力,包括语言组织能力、用词准确性和语言流畅度等方面。通过课堂讨论、演讲、角色扮演等活动,考查学生是否能够清晰、准确地表达自己的观点和思想。

（2）书面表达能力

评估学生在书面作品中的表达能力,包括文章结构、语言表达和逻辑思维等方面。通过写作任务,如作文、摘记、论文等,检验学生是否能够准确、生动地表达自己的观点和情感。

2.阅读理解能力

（1）文本理解能力

评估学生对不同类型文本的理解能力,包括文学作品、新闻报道、科技文章等。通过阅读理解题目或书面作业,考查学生是否能够抓住文章的核心内容,理解作者的观点和意图。

（2）批判性阅读能力

评估学生对文本的批判性思考能力,包括对文字的分析和评价。通过提供有争议性的文章或问题,引导学生进行批判性思考和辩论,培养其独立思考和判断能力。

3.写作能力

（1）文章结构与组织能力

评估学生的写作能力,包括文章结构的合理性、段落衔接的流畅性等。通过写作任务，如议论文、说明文、叙事文等，考查学生是否能够合理组织文章结构、表达清晰、连贯。

（2）语言表达与修辞能力

评估学生的语言表达和修辞能力，包括词汇运用、修辞手法的运用等。通过写作作业或口头表达，检验学生是否能够运用丰富的词汇和生动的语言表达，增强文章的说服力和感染力。

4.批判性思维和创造性思维

（1）问题解决能力

评估学生的批判性思维和创造性思维能力，包括解决问题的能力、创新思维的能力等。通过课堂案例分析、讨论活动等，培养学生的批判性思维和创造性思维，激发其解决问题的潜能。

（2）创意表达能力

评估学生的创造性思维和表达能力，包括在文学作品、艺术创作等方面的表现。通过创作任务，如写作、绘画、设计等，考查学生是否能够独立思考、勇于表达自己的独特见解和创意，培养其创造性思维和创作能力。

（三）综合素养

1.语言文学素养

（1）文学常识

评估学生对文学基本概念、流派、体裁、作家作品等方面的认知程度。通过考查学生对不同文学作品、文学名著的了解程度，以及对文学术语的掌握情况，来评估其文学常识水平。

（2）文学史知识

考查学生对文学史上的重要事件、流派演变、文学思潮等方面的理解和掌握情况。通过对学生对不同历史时期文学发展的了解程度的评估，来评价其文学史知识水平。

2.人文素养

（1）历史知识

评估学生对历史事件、历史人物、历史文化等方面的认知和理解。通过考查学生对不同历史时期的重要事件、人物及其影响的了解程度，来评估其历史知识水平。

（2）哲学思想

考查学生对哲学思想、哲学理论、哲学家思想等方面的了解和掌握情况。通过评估学生对不同哲学流派、哲学理论的理解程度，来评价其哲学素养水平。

（3）社会学常识

评估学生对社会学基本概念、社会学理论、社会现象等方面的认知和理解。通过考查学生对社会结构、社会变迁、社会问题等方面的了解程度，来评估其社会学素养水平。

3.审美素养

（1）文学艺术作品的欣赏

评估学生对文学艺术作品的欣赏能力和品位水平。通过考查学生对文学作品的情感体验、文学语言的感知、文学形式的欣赏等方面的表现，来评价其文学审美素养水平。

（2）艺术形式的理解和欣赏

考查学生对各种艺术形式的理解和欣赏能力，包括绘画、音乐、舞蹈、电影等方面。通过评估学生对不同艺术形式的审美感知和欣赏水平，来评价其综合的审美素养水平。

第三节　反馈与个性化学习支持

一、利用评估结果的反馈

（一）评估结果的分析

评估结果的分析是职业导向下高职语文教育的关键步骤之一。在这一阶段，教育者需要对学生的评估数据进行深入研究和分析，以便全面了解他们在各个方面的表现。以下是评估结果分析的一些关键方面：

1.语文知识与技能分析：

针对语文知识与技能方面的评估，教育者可以详细分析学生在词汇、语法、阅读理解和写作等方面的得分。这有助于确定哪些具体的语言技能需要额外的关注和指导。例如，是否有学生在特定的语法规则上表现较差，或者是否有学生需要提高阅读理解能力。

2.职场沟通能力分析

职场沟通是高职语文教育的核心之一。教育者应分析学生在口头和书面沟通方面的表现。这包括评估他们的表达能力、专业用语的运用、会议演讲技巧、业务信函写作等。分析结果可以帮助确定哪些方面需要更多地练习和提高。

3.问题解决能力分析

问题解决是在职场中至关重要的技能。评估学生在解决实际职场问题时的能力，包括分析问题、提出解决方案、决策能力等。分析结果有助于了解学生的批判性思维和解决问题的能力。

（二）个体化反馈

个体化反馈是将评估结果具体应用于每位学生的过程。教育者应根据学生的评估成绩和表现，为他们提供个性化的反馈。这可以通过口头反馈、书面反馈或一对一会议来实现。

1.个体化反馈的重要性

个体化反馈是高职语文教育中的关键环节之一，它具有以下重要性：

第一，提供定制化指导。每位学生的学习需求和潜力都不同。通过个体化反馈，教育者可以根据学生的具体情况提供定制化的指导和建议。这有助于确保教育资源的有效利用，帮助每个学生实现个人和职业目标。

第二，激发学生的积极性。个体化反馈可以强调学生的优点和长处，以鼓励他们继续发展这些优势。同时，明确指出需要改进的方面可以帮助学生认识到自己的薄弱点，并提供改进的方向。这种积极的反馈可以激发学生的学习兴趣和动力。

第三，增强自我认知。通过个体化反馈，学生可以更深入地了解自己的学术表现和职业素质。他们可以识别自己的优势和挑战，并更好地理解自己的发展需求。这有助于培养学生的自我认知能力，使他们更好地应对未来的学习和职业挑战。

2.个体化反馈的实施方法

个体化反馈可以采用多种方式进行，根据学生的需求和教育环境的不同，可以选择以下方法之一或多种结合：

第一，口头反馈。口头反馈是一种直接的交流方式，教育者可以与学生面对面或通过虚拟会议进行。在这种交流中，教育者可以针对学生的表现提供实时的建议和鼓励。口头反馈可以更具互动性,学生可以提问并就自己的表现进行讨论。

第二，书面反馈。书面反馈可以通过电子邮件、便签、评估报告等形式提供。这种方式适用于需要详细解释和总结的反馈。书面反馈可以帮助学生随时翻阅，并更深入地理解教育者的观点。

第三，一对一会议。一对一会议是提供深度个体化反馈的有效方式。在这些会议中，教育者和学生可以共同讨论评估结果，明确学生的强项和改进方向，并制订具体的学习计划。这种交流方式能够更好地理解学生的个人目标和需求。

3. 个体化反馈的内容

个体化反馈应包括以下关键内容：

第一，强项和长处的强调。反馈应强调学生在评估中表现出色的方面，包括语文知识和技能、职场沟通能力、问题解决能力等。这有助于增强学生的自信和积极性。

第二，改进建议和指导。同时，反馈也应明确指出需要改进的方面，并提供具体的建议和指导。这可以包括学术技能的提升、职场技能的培养以及职业伦理的强化。

第三，学习计划的制订。为了实现个人和职业目标，个体化反馈应包括制订学习计划的建议。这包括明确目标、制订战略、明确时间表、列出必要的资源和支持，以帮助学生实现改进和提高。

（三）团队反馈

对于团队项目，团队反馈是非常重要的。教育者可以汇总整个团队的评估结果，然后向团队成员提供整体反馈。这有助于学生了解他们在团队协作中的角色和表现，以及团队整体的绩效。

1. 团队反馈的重要性

团队反馈在高职语文教育中具有重要的价值。它不仅有助于评估学生在团队协作中的表现，还能够提供以下方面的关键信息：

第一，团队协作能力。团队反馈可以揭示学生在协作、沟通和协调团队活动方面的能力。这对于职场中的团队工作至关重要，因此能够提前识别和培养这些能力具有重要意义。

第二，角色和责任分配。团队反馈可以帮助学生了解他们在团队中扮演的角色以及责任的分配情况。这有助于学生更好地理解团队协作的动态和工作流程。

第三，团队目标达成。团队反馈还可以评估团队是否成功实现了项目或任务的目标。这有助于学生了解如何有效地合作以取得成功。

2. 提供团队反馈的方式

为了确保团队反馈的有效性，教育者可以采取以下方式：

第一，整合评估结果。教育者可以整合每个团队成员的评估结果，以生成整体团队反馈。这可以包括团队在不同方面的评分，如协作、沟通、任务分工等。

第二，组织反馈会议。教育者可以组织团队反馈会议，邀请团队成员参与。在会议中，可以讨论评估结果，强调团队的优点和改进的机会，并制订改进计划。

第三，书面反馈报告。教育者还可以提供书面的团队反馈报告，详细介绍团队在项目中的表现，包括成功之处和需要改进之处。这可以作为团队讨论的基础。

3. 团队反馈的效益

团队反馈对学生和教育者都具有多方面的效益：

第一，学生团队意识。团队反馈有助于学生更好地理解团队协作的重要性，培养团队意识和合作技能。

第二，个体发展机会。通过团队反馈，学生可以识别自己的优势和不足，为个人和职业发展提供机会。

第三，教育者指导。教育者可以根据团队反馈提供更有针对性的指导，帮助学生改进团队协作能力。

第四，团队效率提升。团队反馈有助于团队识别问题并改进团队流程，提高团队效率和成果。

二、个性化学习支持

（一）调整课程设计

根据评估结果，教育者可以考虑对课程设计进行必要的调整，以更好地满足学生的需求。这可能包括：

1. 重点强化关键技能

根据评估结果中的弱点，课程可以重点关注并强化学生在语文知识与技能、职场沟通、问题解决等关键技能方面的培养。这可以通过以下方式实现：

首先，设计专门的教学模块是强化关键技能的有效途径。这些模块可以根据不同学生的需求和评估结果来定制，以便有针对性地提高他们的技能水平。以酒店管理课程为例，如果评估结果显示学生在客户服务方面存在不足，教师可以设计一个专门的模块，重点培养学生的客户服务技能。这个模块可以包括理论知识的讲解、案例分析、模拟场景训练等多种教学方法，以帮助学生掌握相关技能。

其次，个性化辅导也是帮助学生克服弱点、提高关键技能的重要方式。教师可以与每个学生进行一对一的辅导，了解他们的具体需求和困难，然后提供有针对性的建议和指导。例如，在语言表达能力较弱的学生可能需要额外的写作辅导，而在团队协作方面有困难的学生可以获得团队建设和沟通技巧的指导。通过个性化辅导，学生可以更快地提高他们的关键技能，填补不足之处。

再次，采用多样化的教学方法可以帮助学生在实际应用中强化关键技能。不同的教学方法可以满足不同学生的学习风格和需求。例如，通过案例研究，学生可以深入分析实际职业场景，从中学习如何应对挑战和解决问题。角色扮演活动可以帮助学生提高职场沟通和人际关系管理能力。小组讨论可以促进团队协作和决策能力的培养。通过综合运用这些教学方法，学生可以在不同方面强化关键技能，更好地应对职业挑战。

最后，评估和反馈是重点强化关键技能的关键步骤。在教学过程中，定期对学生的技能水平进行评估，并提供及时的反馈非常重要。这可以通过测验、作业、项目评估等方式来实现。学生需要清楚地知道自己的进展和不足之处，以便能够有针对性地改进和提高。教师的反馈也可以帮助学生认识到关键技能的重要性，激发他们的学习动力。

2. 实际案例分析

引入实际案例分析作为课程的一部分，可以帮助学生在真实情境中运用所学知识和技能，培养解决问题和决策能力。具体策略包括：

首先，提供多样性的案例是引入实际案例分析的关键策略之一。这意味着课程设计者需要选择来自不同领域和情境的案例，以确保学生能够面对各种不同类型的问题。例如，在高职语文课程中，可以涵盖商业、医疗、酒店管理等多个领域的案例。这样做的好处是帮助学生培养跨学科思维能力，使他们能够在不同背景下应用语文知识和技能。

其次，引导讨论和分析是案例分析中的重要环节。学生需要参与案例的深入讨论和分析，以便理解案例中的关键问题和挑战。教师可以引导学生提出解决方案，并鼓励他们阐明他们的思考过程。这种讨论和分析过程有助于培养学生的批判性思维和问题解决能力。通过深入案例的细节和情境，学生可以更好地理解理论知识如何应用于实际情况中。

再次，实践应用是案例分析的关键步骤之一。学生不仅需要理解案例，还需要有机会将案例中的概念和方法应用到实际项目中。例如，如果在商业案例中学习了市场分析的方法，学生可以在团队项目中应用这些方法来分析和制订市场策略。这种实际应用有助于学生将理论知识转化为实际技能，培养他们的解决问题和决策能力。

最后，评估是确保实际案例分析的有效性的重要环节。学生的案例分析和实际应用可以通过作业、项目评估或考试来评估。这些评估应该与课程目标和学习成果相关联，以确保学生在关键技能方面取得了实质性的进展。教师的反馈也是评估过程的一部分，可以帮助学生了解他们的优点和不足，以便进一步提高。

3. 实践项目

设计与职场相关的实践项目，让学生将所学应用到实际工作中。这可以通过以下方式实现：

首先，模拟项目是一种有效的实践项目设计方式。通过创建模拟的职场项目，学生可以在相对安全的环境中运用所学知识和技能，解决具体问题，展示他们的综合素质。例如，在一门酒店管理的高职语文课程中，可以设计一个模拟的酒店运营项目。学生被分成不同的团队，每个团队扮演酒店管理团队的角色，需要面对各种来自客户、员工和市场竞争的挑战。他们需要制订策略、协调资源、解决问题，并最终呈现他们的解决方案。这种模拟项目可以帮助学生在实际情境中锻炼领导力、团队合作和决策能力，同时巩固他们的语文知识和沟通技能。

其次，实地考察也是实践项目设计的重要方式。通过组织学生进行实地考察，他们可以亲身体验并应用课程中的知识和技能。例如，在医疗领域的高职语文课程中，学生可以前往医院进行实地考察，观察医疗沟通的实际情况。他们可以与医护人员进行交流，了解患者沟通的挑战和技巧。这种实地考察不仅帮助学生将理论知识与实际情境联系起来，还加深了他们对专业领域的理解，提高了他们的应用能力。

再次，社区服务项目是实践项目设计的有益方式之一。通过鼓励学生参与社区服务项目，他们可以为社会提供有益的服务，同时锻炼自己的综合素质和领导力。例如，在一门社交工作领域的高职语文课程中，学生可以参与社区服务项目，如帮助社区老年人解决生活问题、组织社区活动等。在这个过程中，他们需要与不同年龄和背景的人进行沟通和合作，提高他们的人际关系和团队协作能力。这种社区服务项目不仅让学生实践所学的语文知识和技能，还培养了他们的社会责任感和领导潜力。

（二）差异化教学

考虑到每个学生的学习方式和水平不同，采用差异化教学策略是重要的。这包括：

首先，个性化学习计划是差异化教学的关键策略之一。每位学生都有自己独特的学习方式和学习速度。因此，为了满足他们的需求，教育者可以制订个性化的学习计划，根据学生的学习风格和水平提供定制化的教育。例如，在一门高职语文课程中，教育者可以针对不同水平的学生设计不同难度级别的任务。对于那些学习速度较慢或需要额外帮助的学生，可以提供更多的补充教材和个人指导，以帮助他们迎头赶上。而对于那些学习速度较快的学生，可以提供更具挑战性的任务，以满足他们的学术需求。通过这种方式，每位学生都可以在适合自己的学习环境中取得成功，不会感到过于受限或不适应。

其次，小组合作和同伴学习也是差异化教学的有效手段之一。学生之间存在差异，有些可能在某些领域表现出色，而在其他领域可能需要更多的支持。为了弥补这些差异，教育者可以鼓励学生进行小组合作和同伴学习。在这种情况下，教育者可以为不同水平的学生组织不同的学习小组，以确保每个学生都能在学习过程中得到支持和鼓励。在小组内，学生可以相互分享知识和经验，互相提供帮助和反馈。这不仅有助于差异化教学，还培养了学生的团队合作和交流能力。此外，小组合作还可以促进多元思维，因为学生可能会受到来自不同背景和学科的观点的启发，从而更全面地理解问题和解决方案。

（三）强化综合素质培养

为了培养学生的综合素质，可以考虑以下策略：

1. 综合项目

首先，跨学科的综合项目是一种全面培养学生综合素质的强大工具。这些项目旨在鼓励学生将各种学科领域的知识和技能整合，并在实际情境中进行应用。在设计跨学科的综合项目时，教育者需要充分考虑学生的背景、兴趣和能力水平，以确保项目对每位学生都具有挑战性和启发性。这种项目不仅可以提高学生的综合素质，还能够培养他们的批判性思维、解决问题和创新的能力，为未来的职业发展奠定坚实的基础。

其次，跨学科综合项目的一个关键特点是它们要求学生在不同学科领域中进行综合应用。这意味着学生需要将他们在语文、科学、数学、社会科学等多个领域中学到的知识和技能整合起来，以解决复杂的问题或挑战。

2.实际案例研究

首先，实际案例研究是高职语文课程中的一项重要教育策略，它旨在通过真实世界中的案例来培养学生的批判性思维和问题解决能力。这些案例通常涵盖了各种不同的情境和领域，从商业和管理到社会问题和文化挑战。通过深入分析和解决这些案例，学生可以提高他们的分析能力、判断力以及应对复杂问题的能力。

其次，实际案例研究通常要求学生进行详细的案例分析，这包括了解案例的背景信息、明确问题陈述、识别关键问题、搜集相关数据和信息以及提出解决方案。学生需要运用所学的语文知识，如阅读、写作、沟通等技能，来分析和表达他们的观点。这种综合性的任务要求学生在批判性思考和逻辑推理方面取得进展，使他们更有能力应对复杂的现实问题。

再次，实际案例研究还鼓励学生参与小组讨论和课堂互动。在案例分析过程中，学生可以与同学分享他们的观点和分析，与他人进行讨论和辩论。这有助于培养学生的团队合作和沟通技能，使他们更好地理解不同观点，并在合作中取得共同的解决方案。

最后，实际案例研究的教育效果是可衡量的。教师可以评估学生的案例分析报告、小组讨论参与、解决方案的提出等方面来衡量学生的绩效。这种评估有助于教师了解学生的强项和需要改进的地方，并为后续教学提供指导。

（四）职业导向指导

为了帮助学生将所学应用于职业中，可以采取以下措施：

1.职业规划课程

首先，高职语文职业规划课程是为学生提供职业发展指导和支持的重要一环。这样的课程旨在帮助学生明确自己的职业目标，了解不同行业和职业领域的要求，以及制订个性化的职业发展计划。

其次，高职语文职业规划课程的目标是使学生更好地准备迎接职业挑战，为他们的职业生涯做出明智的决策。这些课程不仅帮助学生在职业领域获得成功，还培养了他们的语文技能，包括书面表达、口头沟通和批判性思维。这对于他们在职场中取得长期成功至关重要。

2.实习机会

首先，提供实习机会是高职语文课程中的一项重要举措。通过实习，学生有机会将他们在课堂上学到的语文知识和技能应用到实际的工作环境中，从而获得宝贵的职业经验。

其次，提供实习机会对学生和企业双方都具有重要意义。对于学生来说，实习提供了一个独特的机会，让他们在实际工作环境中应用所学知识，了解职业领域的要求，建立职业网络，并锻炼解决问题和沟通的能力。这种实践经验在他们毕业后进入职场时将变得非常有价值。

对于企业来说，提供实习机会有助于他们发掘潜在的人才，培养未来的员工，同时也可以为组织注入新鲜的思维和创新。通过与学校合作，企业还可以积极参与教育过程，为学生提供指导和机会，以满足自身的招聘需求。

3. 行业导向的建议

首先，邀请行业专业人士来讲授课程。邀请从业多年的行业专业人士来授课，分享他们的实际经验和知识。这种实战经验对学生来说有很大的吸引力，能够将抽象的理论知识与实际工作联系起来。行业专业人士可以为学生提供深入的行业见解，介绍当前的趋势、挑战和机会。他们可以分享案例研究，展示成功的实际项目，帮助学生更好地理解行业的现状。

其次，参与讨论或座谈会。定期组织行业相关的座谈会或讨论，邀请行业专业人士、企业代表和学生一起参与。这种互动平台有助于学生提出问题、分享想法并与行业专家建立联系。讨论的主题可以涵盖行业趋势、技术创新、职业发展建议等。通过与行业专业人士的对话，学生可以更深入地了解行业的内部运作和未来发展方向。

再次，提供职业建议。为学生提供个性化的职业建议，帮助他们规划职业发展路径。这可以包括课程选择建议、实习机会、职业规划指导等方面的支持。与行业专业人士建立联系，以便他们可以为学生提供导师支持或实习机会。这有助于学生在实际工作中应用所学，并建立职业网络。

最后，持续更新课程内容。定期审查和更新课程内容，以反映行业的最新变化和趋势。确保课程内容与实际工作需求保持一致。教育者可以与行业专业人士保持密切联系，以获取最新信息和建议，以便更新课程。这有助于培养更具竞争力的毕业生，满足行业的需求。

（五）鼓励自主学习

培养学生的自主学习能力对于长期职业成功至关重要。可以采用以下方法：

1. 提供学习资源

第一，建立一个数字化的电子图书馆，其中包含丰富的学术书籍、期刊、研究报告和其他学术文献。这些资源可以通过网络访问，使学生可以随时随地浏览和检索相关信息。此外，电子图书馆还可以提供搜索工具，帮助学生更轻松地找到所需内容。

第二，学校可以创建一个在线学习平台，为学生提供各种学习资源和工具。这个平台可以包括课程材料、视频讲座、在线测验、论坛讨论和协作工具。通过在线学习平台，学生可以访问课程内容，与教育者和同学互动，进行在线学习和自测。

第三，学校可以订阅学术期刊和研究数据库，使学生能够获取最新的研究成果和行业动态。这些资源可以帮助学生深入了解与其职业领域相关的最新知识和趋势。教育者还可以鼓励学生利用这些资源进行独立研究和学术写作。

第四，学校应该鼓励学生主动利用提供的学习资源，探索感兴趣的主题并深入了解与其职业领域相关的内容。教育者可以提供指导，教导学生如何有效地利用这些资源，制订学习计划，并帮助他们发展独立的研究和学术技能。

2.学习计划和目标设定

一是，鼓励学生明确他们的短期和长期学习目标。短期目标可以是每周、每月或每学期的目标，而长期目标可以是整个学年或整个职业生涯的目标。这些目标应该具体、可衡量、可达成，并与他们的学术和职业兴趣相关。

二是，学生需要制订具体的学习计划，以实现他们的目标。计划可以包括每天的学习时间表、要完成的任务清单、学习资源的使用计划等。这些计划应该根据每位学生的需求和目标进行个性化设计。

三是，教育者可以教导学生如何合理分配学习时间，确保他们在不同学科和技能领域之间取得平衡。学生需要了解哪些任务需要更多的时间和精力，以便有效地安排学习日程。除了明确目标和制订计划外，学生还需要制订具体的步骤，以实现他们的学术和职业目标。这可以包括学习特定的课程、参加培训、完成项目、准备考试等。每个步骤都应该具体，并包括截止日期和关键里程碑。

四是，学生需要定期评估他们的学习计划和目标，并根据实际情况进行调整。如果某些目标需要重新设定，或者计划需要调整，学生应该有灵活性来应对变化。

3.学习社区

（1）在线讨论论坛

教育者可以创建在线讨论论坛，为学生提供一个讨论课程内容、提问疑惑和分享学习资源的平台。学生可以在这里互相帮助，解决彼此的学术问题，也可以分享有关特定主题或技能的见解和建议。

（2）学习小组

学习小组是一个由一组学生组成的团队，共同学习和完成任务。这种小组可以由教育者组织，也可以由学生自发形成。学习小组可以通过定期的面对面会议或在线会议来交流，共同解决学术问题，互相鼓励和监督。

（3）社交媒体群体

社交媒体平台如 Facebook、WhatsApp 或微信可以用来创建学习群体，学生可以在这些群体中讨论和分享学术内容。这种方式使学生能够更轻松地互相联系，随时随地进行学术交流。

（4）分享资源和经验

学习社区的一个关键目标是让学生能够分享资源和经验。这可以包括分享有关特定课程、学习工具、参考资料、笔记和解决问题的方法。通过分享这些资源，学生可以相互帮助，提高学术水平。

（5）鼓励合作和互助

学习社区应该鼓励合作和互助。学生可以一起完成任务、共同学习、相互提供反馈。这种合作可以提高学生的学习效果，培养团队合作和沟通技巧。

（6）定期的学习活动

为了保持学习社区的活跃性，教育者可以组织定期的学习活动，如在线讲座、学术研讨会或学术竞赛。这些活动可以激发学生的学术兴趣，促进知识交流。

第五章　高职语文教师培养与发展

第一节　高职语文教师素质和能力要求

一、教师职业素养的重要性

教师职业素养是指教师在教育实践中所应具备的专业、道德、情感等多维度的素质和品质。它包括但不限于以下几个方面：

（一）专业知识与教育技能

在高职语文教育领域，教师的专业知识与教育技能是其职业素养的重要组成部分，对于教育教学的质量和学生的发展至关重要。

1. 专业知识的重要性

教师作为高职语文课程的传授者，其具备扎实的语文学科知识至关重要。深刻的语文学科知识不仅包括对文学、语言学、修辞学等领域的理解，更需要对经典文学作品的深入解读以及对语言结构、变化和修辞手法的熟练掌握。只有通过对语文学科的深入研究，教师才能够为学生提供全面而丰富的教育经验。

具备深厚的学科知识使教师能够更好地启发学生的思维。他们可以通过文学作品的深度分析、语言现象的解释等方式，帮助学生培养批判性思维、文学鉴赏能力以及对语言运用的敏感性。通过将学科知识与教学实践相结合，教师能够引导学生深入思考，拓宽他们的视野，培养他们的创新意识和解决问题的能力。

在教学过程中，学生可能会提出各种疑问，而教师则需要准确并有说服力地回答这些疑问，满足学生的求知欲望。只有在相关学科知识方面有坚实的基础，教师才能够应对各种挑战，为学生提供清晰而深入的解答，并引导他们深入探索和思考。

2.教育技能的关键性

教育技能在高职语文教育中同样至关重要。除了学科知识，教师还需要具备高超的教育技能来确保学生的有效学习。

（1）教学方法的选择与运用

教师需要熟悉并能够灵活运用多种教学方法和策略。高职语文教育要求更具实践性，因此，教师需要了解如何将理论知识与实际职场需求相结合。例如，他们可以使用案例教学法来让学生分析实际职场中的沟通问题，以培养实际解决问题的能力。

（2）课堂管理的能力

教师必须具备良好的课堂管理技巧，以确保学习环境的秩序和学生的参与度。在高职语文课程中，激发学生的兴趣和主动性至关重要，而有效的课堂管理可以创造积极的学习氛围。

（3）学生学习需求的分析

教师应该能够识别学生的学习需求，并根据这些需求调整教学计划。这需要与学生建立联系，了解他们的背景、兴趣和目标，以便更好地满足他们的学习需求。

（二）道德品质与职业操守

在高职语文教育领域，教师的道德品质和职业操守是其职业素养中不可或缺的一部分，对于塑造学生成长和培养他们的道德观念至关重要。

1.道德品质的重要性

（1）示范作用

教师的道德品质在学生成长中具有突出的示范作用。学生通常会将教师视为榜样，他们的言行举止、价值观念和道德品质都会对学生产生深远的影响。当教师展现出正直、诚实和负责任的品质时，学生更有可能受到激发，积极地模仿这些品质，形成良好的道德观念。

（2）塑造学生道德观念

教师的言行举止不仅在课堂内外都应符合道德规范，还应当用实际行动来传递道德观念。通过教育教学的过程中，教师可以积极引导学生思考和讨论伦理和道德问题，帮助他们形成积极的道德观念。例如，在文学课程中，教师可以选择具有伦理道德冲突的文学作品，引导学生深入探讨其中的伦理问题，帮助他们理解道德抉择的重要性。

（3）倡导社会责任

道德品质不仅体现在对学生的教育中，还体现在对社会的责任感。教师可以通过参与社会服务项目、支持慈善活动等方式，向学生展示积极的社会参与和责任感。例如，教师可以组织学生参与社区义工活动，让他们亲身体验社会服务的重要性，培养他们的社会责任感。

2.职业操守的必要性

（1）教育公平和正义

在高职语文课程中，教师必须坚守职业操守，以确保教育的公平和正义。这包括不偏袒、不歧视任何一个学生，为每个学生提供平等的学习机会和待遇。教师的评价和奖惩应该基于学生的表现和潜力，而不是受到个人偏好或偏见的影响。通过坚守职业操守，教师可以帮助每个学生充分发挥潜力，实现个人的学业目标。

（2）尊重隐私和个性

教师应该尊重学生的隐私和个性，并保护他们的权益。这意味着不侵犯学生的个人隐私，不滥用或泄露学生的个人信息。同时，教师应该鼓励学生发展他们独特的个性和兴趣，提供支持和指导，而不是强加自己的价值观或期望于学生。通过尊重学生的个性和隐私，教师可以建立信任和良好的师生关系，有助于学生更好地参与学习并发展自己的才能。

（3）创造和谐的教育环境

教师的职业操守还包括在教育环境中维护和谐与尊重。教师应该倡导尊重和包容，鼓励学生之间的合作和团结，创造一个互相尊重的学习氛围。这有助于学生感到安全和受尊重，能够更好地表达自己的观点和思想，从而促进积极的学习体验。通过营造和谐的教育环境，教师可以帮助学生培养良好的社会交往和沟通能力，为他们未来的职业生涯做好铺垫。

（三）情感与沟通能力

1.情感联系的建立

（1）情感联系的建立是教育成功的关键之一

在高职语文教育中，教师应该具备建立积极情感联系的能力。这包括了解学生的背景、兴趣和需求，以更好地满足他们的学习需求。通过积极的情感联系，教师能够建立起师生之间的信任和互信关系，这有助于学生更愿意参与课堂和学习活动。例如，教师可以了解学生的个人兴趣爱好，并将这些兴趣融入教学内容中，使学习更加生动有趣。同时，情感联系还有助于教师更好地理解学生的情感状态和挑战，及时提供支持和关怀。当学生感受到教师的关心和尊重时，他们更有动力去克服困难，积极参与学习。

（2）情感联系有助于学生的学习和发展

当学生感受到教师的情感支持时，他们通常表现出更高的学习动机和积极的学习态度。这是因为情感联系可以增强学生对学习的兴趣和参与度。例如，学生可能更愿意参与课堂讨论、提出问题和探索知识，因为他们知道教师会给予积极的回应和鼓励。此外，情感联系还有助于学生建立积极的学习态度，培养自信和自尊心。当学生感受到被尊重和被理解时，他们更有信心去应对学习中的挑战，更有勇气追求自己的目标。这些因素都有助于提高学生的学业成绩和综合素质。

（3）情感联系也对教师自身的教育工作产生积极影响

通过建立情感联系，教师可以更好地了解学生的需求和反馈，有针对性地调整教学策略和方法。这可以提高教学的效果，使教育更加个性化和有针对性。同时，情感联系也让教师感受到工作的满足感和成就感，因为他们看到了学生的成长和进步。这可以增强教师的职业满意度，激发他们为教育事业的奉献精神。

2. 有效沟通的重要性

（1）教师需要具备清晰的表达能力

在高职语文教育中，教师必须能够清晰地传达知识和信息，确保学生理解教学内容。清晰的表达能力包括语言的准确性、授课材料的组织和结构，以及有效地演示和讲解技巧。当教师能够以清晰、简明的方式表达复杂的概念和观点时，学生更容易理解和吸收所教授的知识。例如，一个清晰的讲解可以帮助学生更好地理解语文文本的含义和修辞手法，从而提高阅读和文学分析的能力。

（2）双向沟通是教育的关键

教师不仅需要有效地传达信息，还需要倾听学生的意见和反馈。双向沟通有助于建立良好的互信关系，学生会感到他们的声音被重视，这可以增强他们的学习动力和参与度。双向沟通还有助于教师更好地了解学生的需求和困难，及时提供支持和指导。通过与学生建立开放的沟通渠道，教师可以更好地满足学生的学习需求，提高教学的针对性和质量。例如，教师可以定期组织课堂讨论、答疑时间，鼓励学生提出问题和观点，以促进双向的知识交流和理解。

（3）沟通是建立积极教育环境的关键因素

通过有效地沟通，教师可以创造一个开放、尊重的学习氛围。学生会感受到他们的教育需求和情感状态得到理解和关心，这有助于建立积极的学习氛围。在这样的环境中，学生更愿意积极参与课堂活动，表达自己的观点，提出问题。这种积极的学习氛围有助于提高学生的学术成就和自信心。同时，教师也受益于积极的沟通，因为他们可以更好地了解学生的需求和反馈，不断改进自己的教学方法和策略。

二、教师发展需求的分析

（一）教育环境的变化

1.教育政策和课程改革的不断推进

随着社会的不断进步和教育理念的不断演进，各国纷纷进行教育改革，对高职语文教育提出了新的要求。这些改革可能包括教育政策的调整、课程体系的改革、评估方式的变化等。教师需要密切关注这些政策和改革，不断调整自己的教学方法和内容，以适应新的要求。

2.全球化对教育的影响

随着全球化的发展，不同国家和地区之间的文化交流和经济合作越来越频繁。这也意味着高职语文教育需要更多地关注跨文化交流和跨国合作。教师可能需要教授国际化的语言课程，培养学生的跨文化沟通能力，以适应全球化时代的需求。

3.科技的快速发展对教育产生了深远影响

互联网、人工智能、大数据等新技术的广泛应用正在改变教育的方式和方法。教师需要不断学习和掌握这些新技术，将其融入教学实践。在线教育、智能教育工具、虚拟现实等技术可以丰富教学内容，提高教育的效果。同时，教师还需要帮助学生培养信息素养，教导他们如何有效地利用科技资源学习和工作。

（二）学生特点的多样性

1.学生背景和特点的多样性需要教师采用差异化教育策略

（1）不同的社会背景和年龄阶段

高职语文教育的学生群体十分多样化，他们可能是来自不同社会背景和年龄阶段的学生。一些学生可能是成年学生，已经有了一定的工作经验，他们的学习目标可能更侧重于提升实际职场中的语言运用能力，如商务沟通、专业写作等。另一些学生可能是刚刚从高中毕业的年轻人，他们可能更需要建立扎实的语文基础知识，包括语法、修辞、文学常识等方面的学习。因此，教师需要根据学生的不同背景和年龄特点，采用差异化的教学策略，为他们提供个性化的学习支持和指导。

（2）不同的学术水平和学习兴趣

在同一个班级中，学生的学术水平和学习兴趣可能存在较大的差异。一些学生可能具有较高的语文学科水平，对于深入学习文学作品、探究语言结构等方面感兴趣；而另一些学生可能对语文学科不够感兴趣，需要教师通过生动的教学方式和有趣的教学内容激发他们的学习兴趣。因此，教师需要灵活调整教学方法和教学内容，针对不同学生的学术水平和学习兴趣，制订差异化的教学计划，确保每个学生都能够获得有效的学习收获。

（3）不同的学习风格

学生的学习风格也可能存在差异，包括视觉型、听觉型、动手型等不同类型的学习者。一些学生更善于通过视觉图表、图片等方式理解和记忆知识，而另一些学生可能更喜欢通过听讲、讨论等方式进行学习。因此，教师需要通过多样化的教学方法和教学资源，满足不同学生的学习风格，激发他们的学习潜能，提高学习效果。

2. 文化和价值观的多样性也需要考虑

（1）不同的文化背景和价值观

高职语文教育的学生可能来自不同的地区和民族，具有不同的文化背景和价值观。这种多样性反映在学生的语言使用、写作风格、沟通方式等方面。教师需要敏感地对待这些差异，建立开放、包容的教育环境，尊重学生的文化差异，促进跨文化理解和交流。通过引导学生分享自己的文化经验、开展跨文化交流活动等方式，教师可以帮助学生增进对不同文化的理解和尊重，培养他们的国际视野和跨文化沟通能力。

（2）文化教育和价值观引导

教师在教学中还应当注重文化教育和价值观引导。通过精选适宜的文学作品、历史材料等教学内容，教师可以向学生传达民族文化的传统和精髓，增强学生对本国文化的认同和自豪感。同时，教师还应该引导学生积极参与社会实践，关注社会热点和时事政治，培养他们正确的价值观和社会责任感，引导他们成长成为具有国际视野和全球公民意识的优秀人才。

3. 学生的个性差异也需要重视

（1）独特的兴趣和天赋

每个学生都是独特的个体，他们具有不同的兴趣爱好和潜在的天赋。教师应该尊重学生的个性差异，鼓励他们发展自己的特长和兴趣。通过提供多样化的学习机会和活动，如课外读书会、文学创作比赛、语言艺术表演等，教师可以激发学生的学习热情，引导他们全面发展，实现个性化的学习目标。

（2）差异化的学习方式和需求

学生的学习方式和需求也可能存在差异，有些学生可能更适应于自主学习和探究式学习，而另一些学生可能更需要教师的直接指导和帮助。因此，教师需要灵活运用不同的教学方法和教学策略，满足学生多样化的学习需求。例如，对于自主学习能力较强的学生，可以提供更多的自主学习任务和项目，让他们通过自主探究和合作学习获得更丰富的学习经验；而对于学习困难的学生，则需要更多的个性化辅导和支持，帮助他们克服学习障碍，实现学习目标。

（3）个性化的评价和反馈

在学生的学习过程中，教师还应该采用个性化的评价和反馈方式，帮助学生全面了解自己的学习情况，发现和克服学习中的问题。通过定期进行学习成绩和学业发展的个性化评估，教师可以及时发现学生的学习困难和进步情况，为他们提供针对性的指导和支持，帮助他们更好地实现学习目标。

（三）职业发展与自我提升

1.教师的职业发展需要不断提升职业素养。

（1）专业知识的提升

高职语文教师应该不断深化自己的语文学科知识，包括文学、语言学、修辞学等方面的学习。他们可以通过参加专业学术会议、阅读相关学术期刊和著作、进行学术研究等方式，提升自己的学科水平。同时，教师还应该密切关注语文教育领域的最新发展和研究成果，及时更新教学内容和方法，确保教学的前沿性和有效性。

（2）教育技能的提升

除了学科知识外，教师还需要不断提升自己的教育技能，包括教学设计、课堂管理、评估与反馈等方面的能力。他们可以参加教育培训课程、观摩优秀教师的课堂、进行教学实践等方式，不断提升自己的教学水平和专业技能。

（3）职业道德的培养

作为教育工作者，教师需要具备高度的职业道德和责任感。他们应该坚守教育伦理，尊重学生的个性和尊严，积极引导学生健康成长。教师可以通过参加职业道德培训、反思教育实践、与同行教师的交流等方式，不断提升自己的职业道德水平，成为学生的榜样和引路人。

2.教师还需要培养自主学习的能力

（1）主动获取最新知识

教育领域的知识和方法不断更新，教师需要具备主动获取最新知识的意愿和能力。他们可以通过阅读相关书籍、期刊和研究报告，参加学术讲座和研讨会，关注教育领域的最新动态，不断充实自己的专业知识。

（2）批判性思考和应用能力

教师需要具备批判性思维和创新能力，能够独立思考和分析教育问题，并将理论知识应用于实际教学中。他们可以通过参与教育研究项目、撰写教育论文、进行教学实践等方式，培养自己的批判性思维和应用能力，提高教育教学的水平和质量。

（3）与同行教师的交流和合作

教师可以通过与同行教师的交流和合作，共同探讨教育问题、分享教学经验，相互启发和促进。他们可以参加教师专业发展交流会、组织教研活动、建立教学研究小组等方式，扩大自己的专业交流圈子，获得更多的学习机会和成长空间。

3.教师的职业发展还需要关注教育政策和教育改革

（1）适应新的教育政策和理念

教育政策和理念的变化对教师的职业发展产生重要影响，教师需要不断适应新的教育政策和理念，更新教育观念和教育方法。他们可以通过参加相关培训和研讨会、关注政府发布的教育政策文件等方式，及时了解和应对教育政策的变化，确保自己的教学工作符合国家和地区的教育政策要求。

（2）参与教育改革项目

教育改革是推动教育发展的重要动力，教师可以积极参与教育改革项目，为教育领域的发展作出贡献。他们可以参加学校和地区组织的教育改革项目、担任教育改革工作组成员、参与教育政策制订和评估等方式，积极参与教育改革的过程，促进教育制度和教学模式的创新和发展。

（四）教育改革的推动

1.教育改革的推动需要教师适应新的教育政策和理念

教育政策和理念的不断更新与变化对教育体系的发展至关重要。教师作为教育改革的执行者和实践者，需要主动适应新的教育政策和理念，与时俱进，以确保教育实践与政策保持一致。教师应该密切关注教育政策的变化，深入了解新的教育理念和目标，积极将其融入自己的教学实践中。这意味着教师需要不断学习和更新教育知识，了解最新的教育法规和政策文件，并将其落实到实际教学中。教师还应该积极参与政策的制订和评估过程，为政策的实施提供反馈和建议，促进教育政策的持续优化和改进。

2.教育改革也鼓励教师积极参与改革进程

教育改革是一项系统性的工程，需要广泛地参与和合作。教师作为教育改革的主要执行者之一，应该积极参与改革进程，发挥自己的专业优势和经验。教师可以通过提出建议、分享经验、参与改革项目等方式来积极参与改革进程。他们可以根据自己的教学实践经验，提供针对性的改革建议和意见，为改革的顺利进行提供支持。同时，教师还可以在课堂上尝试新的教育方法和策略，为改革提供实践经验和案例，促进改革的落地和实施。通过积极参与改革，教师不仅能够更好地理解和引导改革过程，还可以为改革的成功实施贡献自己的力量。

3.教育改革的推动需要建立教育改革的文化和氛围

教育改革通常需要改变传统的教育模式和观念，这可能会遇到一些阻力和困难。因此，建立积极的改革文化和氛围对于推动改革至关重要。教师可以通过倡导积极的改革文化和氛围来促进改革的顺利进行。他们可以鼓励同事尝试新的教育方法，支持他们的创新和实验，分享成功的经验和教训。同时，教师还可以与学生和家长建立合作关系，让他们参与改革过程，共同推动教育的进步。建立积极的改革文化可以凝聚全体师生的共识和合力，为改革的成功推动和实施提供有力的支持。

第二节　教师培训和职业发展机制

一、培训内容与形式的多样化

（一）内容丰富多样

高职语文教师培训的内容应当涵盖广泛的学科知识、教育理论与实践技能。具体而言，培训内容可包括但不限于以下几个方面：

1.教育学、心理学、语言学知识

教育学知识的学习对于语文教师至关重要。教育学涵盖了教育的基本原理、教学方法和教育管理等方面的知识。通过学习教育教学，语文教师可以深入了解教育的本质和目的，掌握教学设计的基本原则和方法，从而更好地组织和实施教学活动。

心理学知识的学习有助于语文教师更好地理解学生的心理特点和学习规律。语文教师需要了解学生的认知发展、情感特点和学习动机，以便根据学生的实际情况设计合适的教学内容和方法，激发学生的学习兴趣和积极性。

语言学知识是语文教师的专业基础。语言学涉及语言的结构、功能、发展规律等方面的研究，对于语文教师来说，掌握语言学知识可以帮助他们更好地理解语言现象和语言规律，指导学生有效地掌握语言技能和运用语言能力。

2. 教学技能培训

课堂管理是语文教师必备的基本技能之一。良好的课堂管理能够营造积极的学习氛围，提高教学效率。因此，语文教师需要接受相关的课堂管理培训，学习如何有效地组织和管理课堂活动，处理学生之间的关系，解决教学过程中可能出现的问题。

教学设计是语文教师必须具备的核心技能之一。良好的教学设计能够确保教学内容的完整性和连贯性，提高学生的学习效果。语文教师需要学习如何根据学科特点和学生需求设计教学计划，确定教学目标，选择教学内容和方法，并设计评估手段，从而有效地实施教学活动。

教学评估是语文教师必须具备的重要技能之一。通过教学评估，语文教师可以了解学生的学习情况，及时调整教学策略，改进教学方法，提高教学效果。因此，语文教师需要学习如何设计有效的评估工具，收集和分析评估数据，评价学生的学习成果，为教学改进提供依据。

3. 教育技术应用

教育技术应用是现代教育的重要趋势之一。语文教师需要掌握教育技术的基本原理和应用方法，灵活运用现代化教学工具和技术手段，丰富教学内容，提高教学效果。例如，语文教师可以利用多媒体教学软件制作教学课件，设计在线教学活动，开展远程教学，以满足学生的个性化学习需求。

在线教学平台是教育技术应用的重要载体之一。语文教师可以利用在线教学平台开设课程、发布教学资源、布置作业和评估学生学习情况，实现教学的信息化和网络化。通过在线教学平台，语文教师可以跨越时空的限制，与学生进行互动交流，促进教学效果的提高。

（二）形式灵活多样

为了更好地适应不同教师的学习需求和时间安排，高职语文教师培训的形式应当灵活多样化：

1. 讲座与研讨会

讲座是传授知识和经验的一种有效形式。通过邀请专业领域的专家或学者进行讲解，可以为语文教师提供系统、全面的教育理论和实践知识。讲座内容可以涵盖教育学、心理学、语言学等多个领域，帮助教师建立起扎实的理论基础。

研讨会是促进交流和讨论的平台。在研讨会上，语文教师可以分享教学经验、探讨教育问题、交流教学方法，从而激发思想火花，启发教学创新。通过与同行进行深入的讨论，语文教师可以不断提升自己的教学水平和专业素养。

2. 工作坊与实践活动

工作坊是一种以问题解决为导向的实践性培训形式。在工作坊中，语文教师可以参与到实际的教学设计、课堂模拟、案例分析等活动中，通过实际操作锻炼自己的教学技能。工作坊可以让教师们亲身体验教学过程中可能遇到的挑战，并寻找解决方案。

实践活动是将理论知识应用到实际教学中的重要途径。通过参与教学实践，语文教师可以将学到的理论知识转化为实际教学能力，提升自己的教学水平。实践活动可以包括课堂观摩、教学实习、教学反思等环节，帮助教师全面提升教学能力。

3. 在线培训与远程教育

在线培训是利用互联网技术进行远程教育的一种方式。通过网络平台，语文教师可以随时随地获取教育资源和学习材料，自主选择学习时间和学习进度。在线培训可以灵活安排学习计划，适应不同教师的学习需求和时间安排。

远程教育是利用现代通信技术，以远程交互的方式进行教学和学习。通过视频会议、在线讨论等形式，语文教师可以与专家学者进行实时互动，参与远程讲座和研讨会，拓宽自己的学术视野，提升专业水平。

4. 个性化辅导与导师制度

个性化辅导是针对个别教师的学习需求，提供量身定制的培训服务。通过一对一的辅导，语文教师可以获得专业导师的指导和帮助，解决教学中遇到的问题，提升个人的教学能力和专业素养。

导师制度是为语文教师提供长期、系统的指导和支持。每位教师都可以拥有一位专业导师，帮助他们规划教学发展路径、解决教学难题、提升教学水平。导师制度可以促进教师之间的交流合作，共同成长进步。

（三）互动性强

高职语文教师培训活动应注重互动交流和实践探讨，以促进教师之间的交流与合作，提升教学水平：

1. 分享与交流

（1）举办经验分享会

定期组织经验分享会，邀请优秀的语文教师分享自己在教学实践中的成功经验和有效教学方法。通过分享会，教师们可以了解到不同同行的教学经验，借鉴他们的成功经验，为自己的教学实践提供启示和借鉴。

（2）定期教研活动

开展定期的教研活动，组织教师们就教学中的热点问题、难点问题展开讨论与交流。教师们可以在讨论中分享自己的教学心得、解决教学难题的方法，促进教师之间的交流与合作，共同提升教学水平。

2. 实践探讨

（1）教学设计比赛

组织教学设计比赛，让教师们以小组或个人的形式设计出有创意、有实效的教学方案。通过比赛，教师们可以充分发挥自己的创造力和想象力，尝试不同的教学方法和策略，从而提升自己的教学水平。

（2）教学观摩活动

组织教师参加教学观摩活动，邀请优秀的语文教师进行课堂展示。观摩活动可以让教师们近距离地观察优秀教师的教学实践，借鉴其教学技巧和方法，激发教师们的教学灵感，提升教学效果。

3. 小组合作

（1）小组讨论

组织教师们参与小组讨论，围绕特定的教学主题或问题展开深入的讨论。通过小组讨论，教师们可以共同探讨教学中的难题，交流解决问题的方法，相互启发，共同进步。

（2）合作教学项目

推动教师间开展合作教学项目，例如跨学科教学项目、校际合作等。在合作教学项目中，教师们可以相互协作，共同设计教学方案、制订教学目标，实现资源共享，提高教学质量，达到合作共赢的效果。

（四）个性化定制

针对不同教师的个性化需求，可以开展个性化定制的培训项目，提供个性化的培训服务：

1. 新教师培训计划

（1）师徒结对

实施师徒结对制度，将新教师与资深教师进行结对，由资深教师担任新教师的导师。导师可以向新教师传授教学经验、分享教学方法，指导新教师适应学校的教学环境和教学任务。

（2）导师指导

设立专门的导师团队，由经验丰富的教师担任导师，向新教师提供一对一的指导和帮助。导师可以根据新教师的个人情况和需求，量身定制培训计划，帮助他们解决教学中的问题，提升教学水平。

2. 专业技能提升

（1）课程设计培训

针对需要提升课程设计能力的教师，开展课程设计培训，介绍课程设计的理论和方法，培养教师设计有效课程的能力，提高课程质量。

（2）评估方法培训

组织评估方法培训，介绍不同类型的评估方法和工具，如课堂评估、作业评价、学生考试等，帮助教师掌握科学有效的评估技巧，更好地了解学生的学习情况。

（3）教学策略培训

开展教学策略培训，介绍常用的教学策略和方法，如探究式教学、合作学习、案例教学等，帮助教师灵活运用不同的教学策略，提高教学效果。

3. 个人发展规划

（1）个人发展辅导

为每位教师提供个性化的发展辅导，通过一对一的咨询和交流，帮助教师制订个人发展规划，明确职业发展目标和发展路径。

（2）发展资源支持

为教师提供丰富的发展资源支持，包括学术研究项目、教学实践项目、专业培训课程等，根据教师的个人兴趣和需求，提供相应的发展机会和支持。

二、持续性和系统性的培训计划

（一）长期规划

1. 制订培训目标

（1）教育发展规划对接

与学校的教育发展规划相结合，明确学校语文教育的发展目标和重点。培训目标应与学校的整体发展战略相契合，确保培训内容和方向符合学校的发展需求。

（2）教师个人发展需求考虑

充分考虑到不同教师的个人发展需求和职业规划，制订个性化的培训目标。通过调研、问卷调查（附录二）等方式，了解教师的培训需求，确保培训目标具有针对性和实效性。

2. 设计培训内容与形式

（1）多维度的培训内容

培训内容应涵盖语文教育的多个方面，包括课程设计、教学方法、评估与反馈、教育技术应用等。确保培训内容全面、系统，能够全面提升教师的教育水平。

（2）灵活多样的培训形式

结合讲座、研讨会、工作坊、实践活动等多种形式，让教师通过不同的方式参与培训，提高学习的趣味性和效果。同时，利用线上线下相结合的方式，满足教师随时随地学习的需求。

3. 规划时间安排

（1）教学日程与培训时间的协调

合理安排培训时间，避免与教学日程冲突，确保教师可以充分参与培训而不影响正常的教学工作。可以根据教学日程的安排，选择适当的时间段进行培训，如节假日、周末或下午时间等。

（2）持续性的培训安排

将培训安排纳入长期规划中，实行持续性的培训安排。通过分阶段、分主题的培训计划，确保教师可以持续地接受培训，不断提升专业水平，逐步实现个人和学校的发展目标。

（二）定期评估和调整

1. 效果评估机制

建立教师培训的评估指标体系，包括教师学习效果、教学实践成果等方面的评估指标，以确保培训工作的有效性和实效性。

2.收集反馈意见

通过教师满意度调查、学生学习效果评价等方式，多方收集培训的反馈意见，了解教师的需求和意见，及时发现问题。

3.调整和改进

根据评估结果，及时调整和改进培训计划，针对性地解决问题，提高培训工作的质量和效果。

三、鼓励教师参与自主学习与研究

（一）提供学习资源和支持

1.丰富多样的学习资源

学校可以建立起丰富多样的学习资源库，包括教育期刊、学术书籍、电子资源等。这些资源涵盖了教育领域的前沿知识和最新研究成果，为教师的自主学习提供了丰富的内容基础。

2.网络学习平台的建设

学校可以搭建在线学习平台，为教师提供便捷的网络学习环境。通过网络学习平台，教师可以随时随地获取学习资源，参与在线课程学习、网络研讨会和学术讨论，实现自主学习的灵活性和便利性。

3.经费支持和奖励机制

学校可以设立专门的经费支持和奖励机制，鼓励教师参与自主学习和研究。例如，设立教学改革项目经费、教育研究基金等，为教师的学术研究和实践探索提供资金支持；同时，还可以设立优秀研究成果奖励、学术论文发表奖励等，激励教师积极投入到学术研究中去。

（二）建立导师制度和师徒关系

1.资深教师担任导师

学校可以组织资深教师担任新教师的导师，建立起师徒关系。导师可以传授自己的教学经验和教学技巧，指导新教师进行教学设计和教学实践，帮助其逐步成长为优秀的高中语文教师。

2.定期指导和交流

导师与新教师之间可以定期进行指导和交流，分享教学心得和经验，解决教学中遇到的问题和困惑。通过与导师的交流与指导，新教师能够更快地适应教学工作，提高教学水平和专业素养。

（三）鼓励开展教育研究和实践探索

1. 科研项目资助

学校可以设立科研项目资助机制，鼓励教师开展教育研究和实践探索。教师可以申请项目资助，开展教育教学改革项目、教学案例研究等，为高职语文教育的发展贡献自己的智慧和力量。

2. 教育实验室和实践基地

学校可以建立教育实验室和实践基地，为教师的教育研究和实践探索提供场地和设施支持。教师可以在实验室和实践基地中开展教学实验、课程设计和教学创新，不断提高教学水平和教育教学质量。

（四）建立学习型组织和学习共同体

1. 教师交流平台的建立

学校可以建立教师交流平台，为教师之间的交流与合作提供平台和机会。通过组织教师研讨会、学术沙龙等活动，促进教师之间的学术交流和经验分享，形成学习共同体。

2. 共建学习型组织

教师可以共同参与学习型组织的建设和发展，共同推动学校教育教学的不断创新和发展。建立学习型组织需要教师们积极参与组织管理和活动策划，共同营造良好的学习氛围和文化，实现知识共享和协作互助的目标。

第三节　创造创新教学的支持措施

一、提供教学资源和技术支持

在支持创新教学方面，学校应当充分提供教师所需的教学资源和技术支持，以便他们能够更好地开展创新教学实践。这些支持包括硬件设施和软件工具两个方面。

（一）硬件设施支持

1. 图书馆资源

学校的图书馆是教学与学术研究的重要场所，其资源的丰富多样对于促进教学与学术发展至关重要。图书馆所收藏的书籍、期刊、教学参考资料等资源，不仅是教师学术研究和教学备课的重要依托，也是学生获取知识、进行学术研究和写作的重要资源。在高职语文教育领域，图书馆资源的丰富性和多样性尤为重要。

学校图书馆的藏书涵盖了各个学科领域的专业书籍和期刊，其中包括语言学、文学理论、文学作品、教育心理学、教育方法学等与高职语文教学相关的书籍。教师可以通过借阅这些书籍，了解最新的教学理论和方法，从中汲取教学的灵感和启示。例如，教师可以通过阅读教育心理学方面的书籍，了解学生的认知特点和学习规律，从而更好地制订教学计划和教学策略；或者通过阅读文学理论方面的书籍，深入探讨文学作品的内涵和艺术特点，指导学生进行文学鉴赏和创作。

此外，图书馆还收藏了大量的教学参考资料和教学案例，这些资源对于教师的教学备课和教学实践具有重要的指导作用。教师可以通过借阅这些教学参考资料，了解不同教学方法的应用效果和教学案例的具体操作，从而为自己的教学实践提供借鉴和参考。例如，教师可以借阅相关教学方法书籍，了解不同的教学策略和教学技巧，结合自己的教学实际，灵活运用于课堂教学中，提高教学效果和学生学习质量。

除了纸质书籍和期刊，现代图书馆还提供电子资源和数字化服务，例如电子书籍、在线期刊数据库、数字化学术论文等。这些电子资源具有检索方便、获取速度快、内容更新及时等优点，为教师和学生提供了更加便捷和高效的学习和研究途径。教师可以通过访问图书馆的电子资源平台，随时随地获取所需的教学和研究资料，提高信息获取的效率和质量。

2. 实验室设施

实验室是高职院校教学与科研的重要场所，其设施和设备的先进性和完备性直接影响着教学与科研活动的质量和水平。学校应该配置先进的实验设备和仪器，以满足教师和学生的实践教学需求，并为他们提供充足的支持和条件，开展创新的实验教学活动。

第一，实验室应该配备先进的实验设备和仪器。这些设备和仪器应该涵盖各个专业领域的需要，包括但不限于生物、化学、物理、计算机等方面的实验设备。例如，在语言学专业方面，可以配备语音实验室、阅读实验室、写作实验室等，以支持学生进行语言学习和实践活动。这些设备和仪器应该具有先进的性能和功能，能够满足不同实验和研究项目的需求，为教学和科研提供良好的条件和保障。

第二，实验室应该提供良好的实验环境和安全设施。实验室应该具有良好的通风系统、排水系统和安全设备，确保实验活动的安全进行。此外，实验室应该有充足的空间和布局合理，以满足实验教学和科研活动的需要，同时还要考虑到学生和教师的舒适性和便利性。

第三，实验室还应该配备必要的辅助设施和资源，例如实验材料、实验耗材、实验教材、实验指导书等。这些辅助设施和资源可以为教师的实验教学提供支持和帮助，使实验教学活动更加丰富和有效。同时，学校还应该提供专业的技术支持和管理人员，负责实验设备的维护和管理，确保实验设备的正常运行和有效利用。

3. 多媒体教室设备

学校应该致力于建设配备先进的多媒体教室，这对于提升教学质量和教学效果至关重要。多媒体教室是一种集成了各种先进的教学设备和技术的教室，可以为教师提供丰富多样的教学工具和资源，为学生提供生动有趣的学习体验。以下是一些常见的多媒体教室设备：

（1）投影仪

投影仪是多媒体教室的核心设备之一，可以将教师准备的教学内容、PPT演示、视频素材等投射到屏幕上，方便学生观看和学习。通过投影仪，教师可以进行多种形式的教学展示，如图片展示、视频播放、动画演示等，从而生动地呈现教学内容，激发学生的学习兴趣。

（2）电子白板

电子白板是一种结合了传统白板和电子显示技术的教学设备，可以实现触摸屏操作和书写功能。教师可以在电子白板上书写、绘图、标注，与学生进行互动，呈现复杂的教学内容，提高教学效果。

（3）音响设备

音响设备包括扬声器、麦克风等，用于增强教学内容的音频效果，使教学声音更加清晰、生动。音响设备还可以用于播放音频素材、录音、语音互动等，为多媒体教学增添了更多的可能性。

（4）互动投影系统

互动投影系统结合了投影仪和交互式技术，可以实现教师和学生之间的互动。教师可以通过触摸屏或激光笔对投影屏幕进行操作，与学生进行互动式教学，促进学生的参与度和学习效果。

除了以上列举的设备外，还可以配备电子课件制作软件、视频会议系统、网络连接设备等，为教师提供更多的教学资源和工具，丰富教学形式和内容。多媒体教室设备的建设可以帮助教师更好地实现课堂教学目标，提高教学效果，同时也可以为学生提供更加丰富、生动、有趣的学习体验，促进他们的学习兴趣和主动性。

（二）软件工具支持

1. 教学软件平台

学校建立在线教学平台是提高教学效率和教学质量的重要举措之一。在线教学平台是一种基于互联网技术的教学资源管理系统，可以为教师和学生提供各种在线学习和教学服务。以下是几种常见的教学软件平台及其功能：

（1）课件制作软件

课件制作软件是用于制作教学课件和教学资源的工具。教师可以使用课件制作软件创建各种形式的教学课件，包括文字、图片、音频、视频等内容，以丰富多样的形式呈现教学内容，提高学生的学习效果和参与度。

（2）学习管理系统（LMS）

学习管理系统是一种用于管理和组织在线学习资源的平台，可以帮助教师创建课程、发布教学材料、管理学生信息、布置作业和测验等。学习管理系统还可以提供在线讨论、成绩统计、学习报告等功能，帮助教师和学生更好地进行学习活动的组织和管理。

（3）在线测试系统

在线测试系统是一种用于创建和管理在线测验和考试的平台，可以帮助教师设计和组织各种形式的测验和考试，并提供自动化的批改和成绩统计功能。在线测试系统还可以生成详细的测验报告和学生成绩单，为教师提供及时的评估和反馈。

（4）教学资源库

教学资源库是一个集中存储和管理教学资源的平台，包括教学课件、教学视频、教学文档、教学案例等。教师可以在教学资源库中查找和分享各种教学资源，节省教学准备时间，丰富教学内容。常见的教学资源库包括教学网站、教学博客、教学论坛等。

通过建立在线教学平台，学校可以为教师提供丰富多样的教学工具和资源，帮助他们设计和实施创新的教学活动，提高教学效率和教学质量。同时，在线教学平台也可以为学生提供便捷的学习途径和资源，促进他们的自主学习和终身学习能力的培养。

2. 网络教学资源

学校提供丰富的网络教学资源对于促进学生学习和提高教学效果具有重要意义。这些网络教学资源包括但不限于教学视频、电子教案、网络课程等，它们为学生提供了更加灵活和便捷的学习方式，同时也为教师提供了更多的教学工具和资源，有助于实现个性化教学和远程教学。以下是网络教学资源的几种主要形式和作用：

（1）教学视频

教学视频是将教学内容通过视频形式展示和传播的一种方式。教师可以录制和制作各种教学视频，包括讲解课程知识、演示实验操作、展示案例分析等内容。学生可以通过观看教学视频来学习和理解课程内容，随时随地进行学习，提高学习效率和质量。

（2）电子教案

电子教案是将教学内容通过电子文档形式呈现和传播的一种方式。教师可以编写和制作电子教案，包括课程大纲、教学计划、教学重点、教学方法等内容。学生可以通过电子教案了解课程安排和内容安排，帮助他们有针对性地学习和复习课程知识。

（3）网络课程

网络课程是通过网络平台提供的在线学习课程，包括录播课程、直播课程、互动课程等形式。教师可以借助网络课程平台设计和开设各种在线课程，为学生提供多样化的学习资源和学习机会。学生可以通过网络课程平台进行自主学习和互动学习，与老师和同学进行在线交流和讨论。

这些网络教学资源为学校教育提供了全新的学习方式和教学手段，使教学更加灵活和多样化。通过利用这些网络教学资源，学校可以打破时空限制，满足不同学生的学习需求，促进学生的自主学习和终身学习能力的培养。同时，教师也可以更加便捷地进行教学设计和教学实施，提高教学效率和教学质量。

二、建立教学创新的评价机制

为了鼓励教师进行教学创新，学校需要建立起科学合理的教学评价机制。这一评价机制应当突出创新性、多样性和效果性三个方面。

（一）创新性评价

1. 教学设计的创新性

评价机制对教师的教学设计创新性的关注是教育领域中的一项重要举措。教学设计的创新性不仅仅是对教学内容、方法和活动的创新，更是对教学理念和教学目标的创新表达。以下是关于评价机制关注教师教学设计创新性的几个方面：

（1）教学内容的创新

评价机制应当关注教师在教学内容方面的创新。这包括教师是否引入了最新的学科发展动态、前沿知识和理论观点，是否将实际案例、应用场景和跨学科内容融入教学中。教师的教学内容创新应当贴近学生的学习需求和社会需求，有助于激发学生的学习兴趣和提升学习效果。

（2）教学方法的创新

评价机制还应当关注教师在教学方法方面的创新。这包括教师是否采用了多样化的教学方法和策略，是否运用了现代技术手段和教学工具，是否注重个性化教学和互动式教学。教师的教学方法创新应当有利于激发学生的思维和创造力，提高他们的学习主动性和参与度。

（3）教学活动的创新

评价机制还应当关注教师在教学活动方面的创新。这包括教师是否设计了富有趣味性和挑战性的教学活动，是否组织了具有启发性和探究性的学习任务，是否提供了多样化的学习资源和学习环境。教师的教学活动创新应当激发学生的学习热情和积极性，提高他们的学习动力和效果。

2. 教学资源的创新使用

评价机制在考察教师教学质量时，应当着重关注教师是否能够创新地使用教学资源。创新地使用教学资源不仅可以提升教学的吸引力和效果，还可以激发学生的学习兴趣和积极性，促进他们的综合素养和能力发展。以下从几个方面说明教师创新地使用教学资源的重要性：

（1）充分利用多媒体技术

教师可以充分利用多媒体技术，如投影仪、电子白板、音视频资料等，将抽象的教学内容呈现得形象生动，增强学生的学习体验和理解效果。通过多媒体教学资源，教师可以展示动画、视频、图片等丰富多样的教学内容，激发学生的好奇心和探究欲，提高他们的学习积极性和效果。

（2）利用互联网资源

教师可以通过互联网获取各种教学资源，如网络课程、电子教案、在线资料库等。这些资源可以丰富教学内容，拓展学生的知识面，提供实时的学习资讯和案例分析，有助于培养学生的信息获取和分析能力。同时，教师还可以通过网络资源进行教学互动和远程辅导，实现异地教学和个性化教学的目标。

（3）设计创意教学活动

教师可以设计各种富有创意和活力的教学活动，如游戏化教学、角色扮演、项目制学习等。这些活动可以激发学生的学习兴趣和动力，培养他们的团队合作和问题解决能力，提高教学的趣味性和参与度。同时，创意教学活动也能够促进学生的综合素养和创新能力的发展，培养他们的自主学习和探究精神。

3. 教学方法的创新尝试

评价教师的教学质量时，教学方法的创新尝试是一个至关重要的方面。教师是否能够尝试新颖的教学方法，是否具有创新意识和实践能力，直接关系到教学效果和学生的学习体验。评价机制应当重点关注教师在教学实践中的创新尝试，以下是几个方面的说明：

（1）教师是否勇于尝试不同的教学策略和方法是评价的重点之一

教学方法的创新可以包括引入新的教学技术、采用不同的教学模式、设计创意的教学活动等。例如，教师可以尝试使用游戏化教学、案例教学、合作学习等新颖的教学方法，以增加课堂的趣味性和互动性，激发学生的学习兴趣和参与度。

（2）评价机制应当关注教师是否能够通过创新的方式激发学生的学习兴趣和动力

教师可以结合课程内容和学生特点，设计富有创意和活力的教学活动，如实践性项目、课外拓展任务、实验探究等。这些创新的教学方法能够使学生更加积极主动地参与学习过程，提高他们的学习效果和学习动力。

（3）教师是否注重个性化教学也是评价的重点之一

个性化教学是指根据学生的个体差异和学习需求，采用不同的教学方法和策略，提供个性化的学习支持和指导。教师可以通过分层教学、差异化指导、个性化任务等方式，满足学生的不同学习需求，激发他们的学习兴趣和自信心。

（二）多样性评价

1. 教学策略的多样性

评价教师的教学质量时，教学策略的多样性是一个关键的考量因素。教师应当具备丰富的教学方法和策略，并能够根据不同的教学内容、学生特点以及教学环境的需求，灵活运用各种教学策略，以提高教学的多样性和针对性。

（1）教师应当具备多种教学方法和策略

传统的讲授法虽然是教学中常用的一种方法，但其单一性和刻板性容易引起学生的厌倦和学习效果的下降。因此，教师还应当掌握其他多种教学方法，如讨论、实验、案例分析、小组合作学习等，以丰富教学手段，提高教学的多样性和灵活性。

（2）教师应当根据具体情况灵活运用各种教学策略

不同学科、不同课程内容以及不同学生群体都可能需要采用不同的教学策略。例如，在语言类课程中，可以结合讲授和实践演练，以提高学生的语言表达能力；在理工类课程中，可以结合理论授课和实验操作，以增强学生的实践能力。教师应当根据具体情况，合理选择和灵活运用各种教学策略，以达到最佳的教学效果。

（3）教师还应当关注教学策略的针对性

教学策略的选择应当与教学目标和学生需求相匹配，以确保教学的针对性和有效性。例如，在教学目标为培养学生创新能力和实践能力时，可以采用案例分析、项目式学习等活动，以激发学生的学习兴趣和动力，提高其综合素养。

2. 教学内容的多样化

教学评价还应考察教师是否能够设计多样化的教学内容。教师可以结合不同的教学资源和教材，设计丰富多彩、具有挑战性和启发性的教学内容，满足学生的不同学习需求。

在评价教师的教学质量时，教学内容的多样化是一个至关重要的方面。教师应当具备设计丰富多彩、具有挑战性和启发性的教学内容的能力，以满足不同学生的学习需求和促进他们的全面发展。

（1）教师应当充分利用多种教学资源和教材

现代教育技术的发展为教师提供了丰富的教学资源，包括数字化教材、网络课程、教学视频等。教师可以结合这些资源，设计多样化的教学内容，使学生在学习过程中接触到不同形式的知识和信息，从而提高他们的学习兴趣和参与度。

（2）教师应当根据学生的学习需求和能力水平设计教学内容

不同学生具有不同的学习风格和学习能力，因此，教师应当根据学生的实际情况，设计差异化的教学内容。例如，对于学习能力较强的学生，可以设计一些挑战性较高的教学内容，以激发其学习兴趣和动力；而对于学习能力较弱的学生，则可以设计一些简单易懂、容易接受的教学内容，以提高其学习效果和自信心。

（3）教师还应当注重教学内容的启发性和实践性

教学内容不应仅限于传授知识，更应该注重培养学生的创新思维和实践能力。因此，教师可以设计一些具有启发性和实践性的教学内容，如案例分析、实验探究、项目式学习等，以激发学生的学习兴趣和动力，培养其综合素养和创新能力。

（三）效果性评价

1.学生学习成果评价

（1）学习成绩评价

学习成绩是评价学生学习成果的重要指标之一。评价机制应当综合考虑学生在课堂表现、作业完成情况、考试成绩等方面的表现，以客观反映其学习水平和成绩。这包括了对学生知识掌握程度、能力提升情况以及学习效果的评估，从而为学生提供针对性的学习指导和支持。

（2）学习兴趣评价

学习兴趣是学生学习的重要动力之一。评价机制应当关注学生对学科内容的兴趣程度，通过观察学生的参与度、课堂反馈以及课外学习情况等方面的表现，评估学生对语文学习的兴趣程度。这有助于发现学生的学习动力是否足够，并为激发学生学习兴趣提供参考。

（3）自主学习能力评价

自主学习能力是学生终身发展所必备的重要素质之一。评价机制应当考查学生是否具备独立思考、自主学习、问题解决等能力。这可以通过观察学生在课堂上的提问、讨论和思考能力，以及课外学习的自主性和积极性等方面来评估。这种评价有助于发现学生在学习过程中的自主性和主动性，为他们未来的学习和发展提供支持和指导。

2.教师教学反思评价

（1）教学反思的深度评价

教师的教学反思是评价教学质量的重要依据之一。评价机制应当关注教师教学反思的深度和广度，包括对教学过程的全面回顾、教学目标的达成情况分析、教学方法的反思以及教学效果的评估等方面。这有助于发现教师对教学活动的理解和把握程度，以及对教学改进的意识和能力。

（2）教学改进措施的有效性评价

教师提出的教学改进措施是评价教学反思的重要内容之一。评价机制应当考察教师提出的改进措施是否具有可行性和有效性，以及是否能够有效促进教学质量的提升。这可以通过观察教师在实施改进措施后的教学效果、学生反馈以及教学成果等方面来评估，从而为教师的教学改进提供指导和支持。

三、创建合作与分享的教学文化

为了推动教学创新，学校需要营造合作与分享的教学文化，促进教师之间的交流和合作。这包括以下几个方面：

（一）多角度观点

多角度观点是指从不同的视角和角度来审视问题或主题，它在高职语文教育中具有重要的意义。高职语文教育的目标之一是培养学生的批判性思维和综合素质，而多角度观点正是实现这一目标的有效途径。在高职语文教育中，多角度观点的重要性主要体现在以下几个方面：

1. 拓宽思维视野

从文学作品的角度来看，学生可以通过多角度观点来理解作品的内涵和意义。例如，对于一部文学作品，学生可以从历史背景、作者生平、作品结构、文学风格等多个角度进行分析和阐释，这有助于他们深入理解作品的复杂性和丰富性。

在语言现象的研究中，多角度观点也能够帮助学生更好地理解语言的多样性和灵活性。通过从语言学、社会语言学、语用学等不同角度来审视语言现象，学生可以更全面地了解语言的功能和特点，从而提高语言运用能力。

文化现象的多角度观点也为学生提供了更广阔的思维空间。在研究不同文化现象时，学生可以从历史、社会制度等多个角度来分析和解释，从而更好地理解不同文化之间的差异和联系，培养跨文化交流的能力。

2. 培养批判性思维

多角度观点培养了学生的批判性思维，使他们能够不轻信表面现象，而是通过深入思考和分析来形成自己的看法。这种批判性思维不仅在语文学科中有所体现，在日常生活和职业发展中也具有重要意义。

通过对不同角度的思考和比较，学生可以发现问题的复杂性和多样性，从而学会质疑和探究，形成批判性的思维方式。这种批判性思维将对学生的学习和生活产生积极的影响，使他们更有能力应对复杂多变的现实环境。

3. 促进综合素质发展

多角度观点的引入有助于促进学生综合素质的发展。在分析问题和解决问题的过程中，学生不仅需要语言表达能力，还需要批判性思维、跨文化交流能力等综合素质的支持。

通过多角度观点的训练，学生可以逐渐培养综合素质，提高自身的综合能力。这种综合能力将在学生未来的职业发展和社会交往中发挥重要作用，使他们更有竞争力和适应力。

（二）分担工作负担

在高职语文教育中，分担工作负担是教师合作的一个重要优势。这一点体现在多个方面，包括工作效率的提高、资源的共享和更好地满足学生需求等方面。

1. 工作效率的提高

教育工作的繁忙和多样性需要教师面对各种任务和挑战，例如教学准备、课堂管理、学生评估等。单独承担这些任务可能会导致工作效率低下和教学质量下降。然而，通过合作，教师们可以共同分担工作负担，从而提高工作效率和质量。

教师团队可以通过协作策划教学计划，合理分配任务，利用每位成员的专长和优势，提高工作效率。例如，一位教师擅长课堂教学，另一位擅长学生评估，他们可以相互协作，共同完成教学任务，节省时间和精力。

合作还可以促进教师之间的互相学习和提高。通过与其他教师合作，教师可以分享经验、交流教学方法，相互借鉴，不断提升自身的教学水平，进而提高整个团队的工作效率和质量。

2. 资源的共享

教师合作有助于资源的共享，包括教学材料、教学工具、教学经验等方面的资源。不同教师可能拥有不同的资源，通过合作，他们可以共享这些资源，使整个团队受益。

共享资源可以避免重复劳动和资源浪费，提高教育资源的利用率。例如，一位教师开发了一套优质的教学课件，其他教师可以直接使用这些课件，而不必重新制作，节省了时间和精力。

除了教学资源，教师合作还可以共享教学经验和教学方法。不同教师在教学实践中积累了丰富的经验和方法，通过合作交流，可以互相学习，促进教学水平的提高。

3. 满足学生需求

学生的需求多样化是高职语文教育的一个重要特点。不同学生有不同的学习方式、学习兴趣和学习需求，教师合作可以更好地满足这些多样化的需求。

教师合作意味着学生可以从不同教师的教学风格和教学方法中获益。一些学生可能更适应某位教师的教学方式，而另一些学生则可能更适应另一位教师的方式，通过合作，学生可以选择更适合他们的教育路径，获得更好的学习体验。

教师合作还可以通过共同研究和探讨，发现学生的学习需求和问题，共同制订解决方案，提高教学的针对性和有效性，从而更好地满足学生的学习需求。

（三）共同学习

在高职语文教育中，教师合作鼓励共同学习，这对于教育团队和学生都具有重要的意义。共同学习涵盖了从彼此的经验中汲取教训、分享成功实践、不断更新知识和教育方法以及建立共同愿景和教育理念等多个方面。

1. 分享成功实践

教育领域不断发展，新的教学方法和最佳实践不断涌现。通过合作，教师们可以分享并学习成功的教学实践。例如，一位教师可能已经开发出一种有效的课程设计方法，能够激发学生的学习兴趣。通过与其他教师分享这一实践，可以使整个团队受益，提高教育质量。这种分享还有助于加速教育创新，使教育变得更加灵活和适应学生需求的变化。

2. 讨论和分析失败的经验

教育工作中，失败或挫折同样重要，因为它们提供了宝贵的教训。通过合作，教师们可以坦诚地讨论和分析失败的经验，从中吸取教训。这种开放的沟通有助于避免重复犯同样的错误，促使教育团队不断改进教学方法和策略。同时，对于新教师来说，能够借鉴老师们的失败经验，也是一个宝贵的学习机会。

3. 不断更新知识和教育方法

高职语文教育领域的知识和教育方法不断演进。通过参与教育研讨会、专业发展活动和教学研究项目，教师们可以不断更新自己的知识和教育方法。这有助于提高教育质量，确保学生获得最新的知识和技能。共同学习也使教师们能够跟上教育领域的最新趋势，更好地满足学生的需求。

4. 建立共同愿景和教育理念

共同学习有助于建立教育团队的共同愿景和教育理念。教师们可以共同探讨教育目标、课程设计、评估方法等方面的问题，确保整个团队朝着共同的方向前进。这种共同理念有助于团队协作和团队凝聚力的建立，使教育工作更具有连贯性和一致性。

（四）团队建设

教师合作有助于团队建设，这对于高职语文教育领域至关重要。团队建设包括了相互了解、建立信任、促进协作以及改善工作氛围等多个方面。以下是团队建设的重要性及其影响：

1. 相互了解

（1）教育背景和专业兴趣

教师合作为教育团队成员提供了一个了解彼此教育背景和专业兴趣的机会。通过分享彼此的教育背景，教师们可以更好地了解对方的教育经历、专业领域和教学经验。这种了解有助于建立共鸣，增进相互之间的尊重和信任，为合作奠定基础。

（2）教学风格和方法

教师合作也提供了一个了解彼此教学风格和方法的平台。通过观察和交流，教师们可以了解对方的教学方法、教学风格以及对教学资源的运用方式。这种了解有助于发现彼此的优势和特长，为合作提供更多的可能性和选择。

2. 建立信任

（1）互相支持和尊重

教师合作建立在互相支持和尊重的基础上。教育团队的成员应该相信彼此的能力和专业素养，愿意分享和倾听对方的意见和建议。通过建立信任关系，教师们可以更好地合作，共同追求教育目标。

（2）诚实和透明

建立信任的关键是诚实和透明。教育团队的成员应该坦诚相待，坦诚地表达自己的想法和意见，同时也要善于接受他人的批评和建议。只有在诚实和透明的基础上，才能建立起真正的信任关系，推动合作向前发展。

3. 促进协作

（1）共同制订教学计划

教师合作可以共同制订教学计划，包括课程设置、教学内容和教学方法等。通过合作，教师们可以充分利用彼此的专业知识和经验，设计出更加丰富和多样的教学活动，满足学生的学习需求。

（2）分享资源和经验

教师合作也可以促进资源和经验的分享。教师们可以共享教学资源、教学资料和教学经验，互相学习和借鉴，为教学提供更多的可能性和选择。这种资源和经验的共享有助于丰富教育团队的教学内容和方法，提高教学效果。

4. 改善工作氛围

（1）减轻工作压力

积极的团队合作可以改善工作氛围，减轻教师的工作压力。在一个支持性和协作的团队中工作，可以使教师感到更加轻松和愉快，减少工作中的焦虑和紧张，提高工作效率和质量。

（2）增进工作满意度：

良好的团队合作可以增进工作满意度。在一个积极向上的团队中工作，可以使教师感到被尊重和被重视，增强工作的成就感和满足感。这种工作满意度有助于激发教师的工作热情，提高工作的积极性和主动性。

5. 提高教育质量

（1）创新教学方法

教师合作可以共同探讨和尝试创新的教学方法和策略。通过合作，教师们可以不断地开发和改进教学方法，提高教学效果，为学生提供更好的教育体验。

（2）共同研究和评估

教师合作也可以共同开展教育研究和评估工作。通过合作，教师们可以共同研究教学问题和教育现象，提出解决方案和改进措施，不断提高教育质量，推动教育事业的发展。

参考文献

[1] 江南. 从《我的前半生》看小说的影视剧改编 [J]. 出版广角, 2017(18): 85-87.

[2] 陈堃. 大学传承传统文化背景下的鲁迅作品教学 [J]. 教育现代化（电子版）, 2017(11): 155-156.

[3] 教育部关于深入学习贯彻《国家职业教育改革实施方案》的通知 [J]. 中华人民共和国教育部公报, 2019(5): 64-67.

[4] 中共中央办公厅国务院办公厅印发《关于推动现代职业教育高质量发展的意见》[J]. 中华人民共和国教育部公报, 2021(12): 2-6.

[5] 徐晓明. 项目教学法在高职语文课堂教学中的运用 [J]. 课外语文, 2022（4）: 90-92.

[13] 李朝晖. 基于职业能力培养的高职语文教学改革研究 [J]. 长春师范大学学报, 2016, 35(09): 184-187.

[6] 董学勤. 职业能力视角下的高职语文教学改革 [J]. 教育与职业, 2015(34): 93-95.

[7] 孔悦. 边缘化使大学语文或面临"废立"选择 [N]. 新京报, 2013-11-25: 7.

[8] 尹修贵. 高职语文学习现状调查分析与对策 [J]. 内江科技, 2012(3): 186-187.

[9] 张英. 徐中玉: 大学语文三十年 [N]. 南方周末, 2007-5-24.

[10] 尹云霞. 以就业为导向推进高职语文教学职业化的改革 [J]. 高教论坛, 2009(9): 113-116.

[11] 国家职业汉语能力测试大纲 [M]. 北京: 法律出版社, 2008.

[12] 教育部. 深化职业教育教学改革全面提高人才培养质量的若干意见 [Z]. 2015-7-27.

[13] 张红欣. 高职大学语文课程渗透职业核心能力的现实性分析 [J]. 济南

职业学院学报，2015，（03）：22-24.

[14]徐卫东.高职院校公共基础课教学的三大误区[J].教育探索，2015,（5）：34-35.

[15]宋忠东.基于项目教学法的高职语文教学研究[J].现代职业教育，2021（45）：148-149.

[16]高彦."活动式项目＋课程思政"在高职语文教学中的运用[J].语文教学之友，2021，40(2)：5-8.